# Lo sobrenatural en usted

# Lo
# sobrenatural
# en usted

## Brenda Kunneman

CASA
CREACIÓN
A STRANG COMPANY

La mayoría de los productos de Casa Creación están disponibles
a un precio con descuento en cantidades de mayoreo para
promociones de ventas, ofertas especiales, levantar fondos y atender
necesidades educativas. Para más información, escriba a Casa
Creación, 600 Rinehart Road, Lake Mary, Florida, 32746; o llame al
teléfono (407) 333-7117 en Estados Unidos.

*Lo sobrenatural en usted* por Brenda Kunneman
Publicado por Casa Creación
Una compañía de Strang Communications
600 Rinehart Road
Lake Mary, Florida 32746
www.casacreacion.com

A menos que se exprese lo contrario, todas las citas de la Escritura
están tomadas de la Santa Biblia Reina Valera Revisión 1960 ©
Sociedades Bíblicas Unidas, 1960. Usada con permiso.

Las citas de la Escritura marcadas (NVI) corresponden a la Santa
Biblia, Nueva Versión Internacional ©1999 por la Sociedad Bíblica
Internacional. Usada con permiso.

Las citas de la Escritura marcadas (LBLA) corresponden a La Biblia de
las Américas, Edición de Texto, ©1997 por The Lockman Foundation.
Usada con permiso.

Las citas de la Escritura marcadas (DHH) corresponden a la Biblia
Dios Habla Hoy, 2ª edición © Sociedades Bíblicas Unidas, 1983.

Publicado originalmente en E.U.A. bajo el título:
*The Supernatural You* © 2009 por Brenda Kunneman
Charisma House, A Strang Company,
Lake Mary, FL 32746
Todos los derechos reservados.

Traducido y editado por Belmonte Traductores
Director de Diseño: Bill Johnson
Diseño de portada: Amanda Potter

Library of Congress Control Number: 2009940807
ISBN: 978-1-59979-587-4

Impreso en los Estados Unidos de América
09 10 11 12 13 * 7 6 5 4 3 2 1

*Este libro está dedicado al Espíritu Santo, cuyo poder y unción han transformado vidas en todo el mundo y han encendido a la Iglesia.*

# CONTENIDO

## Capítulo Uno

# EL DIOS SOBRENATURAL
# ESTÁ EN USTED

"¡**Q**UÉ LÍO!", SEGUÍAMOS diciendo los dos una y otra vez mientras alzábamos los brazos al aire. Mi esposo y yo habíamos pasado todo el día repasando cajas viejas llenas de cosas que habíamos almacenado durante los años. Habíamos apartado varios días para limpiar nuestros armarios y trasteros. Encontramos una cantidad innumerable de cosas que habíamos olvidado que teníamos. ¿Tiene usted algunas cajas como esas, que cree que sabe lo que contienen, pero que luego realmente no es así? La mayoría de nosotros tenemos muchas de ellas.

En esas cajas encontramos viejas revistas, anuarios, antiguas cintas de casete, fotografías y recuerdos. Muchas habían acumulado un olor a humedad que viene de años de estar almacenadas. Luego llegamos a las cajas de cosas que habíamos guardado desde nuestros primeros años juntos de matrimonio y ministerio. Tras horas de ordenar, lo encontré. Era un trozo de papel de un tiempo en nuestras vidas en que parecía que nuestros sueños de futuro se estaban derrumbando uno por uno. Era una lista de oración que hicimos los dos, gran parte de lo cual parecía muy poco probable. Algunas de las cosas en la lista eran necesidades inmediatas que existían en ese tiempo, mientras que otras eran sueños más grandes y cosas que estábamos pidiendo que Dios hiciera en los años venideros, mucho de lo cual necesitaría un milagro total para poder lograrlo.

El día en que escribimos hace años esa larga lista de peticiones aparentemente imposibles, la pusimos en la puerta de nuestro refrigerador. Cada día pasábamos por su lado, y poníamos nuestras manos sobre ella y orábamos. Lo hacíamos en voz alta, recordándole al Señor que estábamos esperando milagros. Citábamos los versículos en los que confiábamos relacionados con ello. Declarábamos que cada petición sucedería y que veríamos la mano de Dios obrar. Hablábamos sobre la lista esperando la intervención de Dios, incluso cuando parecía que no la estábamos viendo.

Poco después, nos cambiamos de casa, y junto con el resto de nuestras cosas, empaquetamos esa lista de peticiones de oración. Bien, ya sabe cómo continúa la historia. Uno no siempre desembala todas esas cajas. De hecho, unas pocas mudanzas y casi dos décadas de matrimonio después, el número de cajas sin desembalar en el garaje y el sótano aumentó.

Entonces finalmente, el día de la limpieza, volví a leer esa lista escrita hacía casi veinte años. Mis ojos se llenaron de lágrimas al leerla. De repente me di cuenta de que Dios no sólo respondió a las pequeñas cosas que parecían imposibles, sino que con los años también había respondido a *cada* cosa de la lista, más aún de lo que habíamos puesto en la lista. Incluso respondió a las cosas que parecían imposibles. De nuevo, en un destello, me acordé de todos los milagros que habíamos visto durante los últimos años. Habíamos visto el poder de Dios revelado desde el cielo una y otra vez. Las cosas que habíamos visto hacer a Dios no eran sino milagros, ¡y la mayoría de ellos estaban relacionados con las cosas que había en esa lista!

En ese momento, no sólo nos acordamos de la fidelidad de Dios (y nos disculpamos ante el Señor por no reconocer antes sus respuestas a esas oraciones), sino que también nos dimos cuenta de algo más. Fue que cada vez que poníamos nuestras manos sobre esa lista pegada en el refrigerador estábamos liberando el poder de Dios para obrar a nuestro favor. El Dios sobrenatural dentro de nosotros estaba liberando milagros; un río estaba fluyendo y trayendo la respuesta, y no paró de fluir hasta que cada petición fue contestada, aunque en ese momento no nos dábamos cuenta de que realmente estaba ocurriendo.

He aprendido de esta experiencia no sólo que Dios vive en nosotros, sino que el Dios *sobrenatural* vive en nosotros. Él quiere que su poder sobrenatural fluya a través de nosotros para obtener lo milagroso y hacer lo imposible en nuestras circunstancias.

Una tarde, me encontraba hablando con una mujer que yo sabía que estaba luchando con una serie de pruebas en su vida, pruebas serias. Claro, era cristiana, pero el panorama de su futuro parecía desesperanzador. Su postura en la situación era que no tenía fuerza para hacer nada salvo esperar y ver lo que Dios haría. Yo sabía que ella confiaba en Dios, aun cuando el resultado no fuera el que ella esperaba. Sin embargo, seamos sinceros; ella quería el mismo resultado que todos queremos, el mismo resultado que nosotros queríamos cuando hicimos nuestra lita de oración. Ella quería un milagro en medio de su prueba, quería una intervención sobrenatural de Dios para cambiar su situación para mejor.

Si somos sinceros con nosotros mismos, eso es realmente lo que todos queremos cuando acudimos a Dios, ¿no es así? Decimos que estamos contentos de salir de la prueba con la paz de Dios con la esperanza de que pase pronto, e incluso si eso no ocurre, estaremos contentos porque Dios tiene todo bajo su control. Pero en nuestro interior, lo que realmente queremos es el poder sobrenatural de Dios en nosotros, como en los días de la Biblia, para vencer y finalmente erradicar la prueba que estamos afrontando. Queremos sanidad donde había enfermedad. Queremos estabilidad económica donde antes hubo agitación. Queremos fortaleza en el lugar de la debilidad. Queremos que el poder de Dios nos rescate del dolor de hoy para poder levantarnos mañana como una persona nueva. Quizá de lo que todavía no nos hemos dado cuenta es que el poder de Dios está realmente ahí. Está en usted en la persona del Espíritu Santo, listo para obrar y listo para moverse y fluir. Hechos 1:8 dice: "Pero recibiréis poder, cuando haya venido sobre vosotros el Espíritu Santo, y me seréis testigos en Jerusalén, en toda Judea, en Samaria, y hasta lo último de la tierra". Ahora bien, la palabra *poder* aquí literalmente significa "poder explosivo". Si tuviera que hacer una comparación, probablemente podría pensar en la dinamita. Es el poder sobrenatural del Espíritu de Dios descargado sobre su propio espíritu. Cuando la plenitud del Espíritu de Dios está en usted, hay poder, y es el mismo poder que produjo el milagro de resucitar a Jesucristo de los muertos (Romanos 8:11).

## EL RÍO SOBRENATURAL DE DIOS

Jesús hizo alusión a la fuente del poder sobrenatural de Dios como un río. Este es uno de los principios más poderosos en la Biblia. Uno de los versículos más prominentes sobre esto está en Juan 7:37-39. Si realmente profundiza en estos versículos en concreto entretejidos a lo largo de las Escrituras, su caminar con el Señor será revolucionado.

> Si alguno tiene sed, venga a mí y beba. El que cree en mí, como dice la Escritura, de su interior correrán ríos de agua viva. Esto dijo del Espíritu que habían de recibir los que creyesen en él; pues aún no había venido el Espíritu Santo, porque Jesús no había sido aún glorificado.

Jesús comienza diciendo que cuando usted esté sediento, debe acudir a Él para beber. ¿Por qué? Porque Él es el río de la gloria de Dios, y todos los recursos espirituales del cielo fluyen en la corriente de ese río. Todo lo que necesitamos para calmar nuestra "sed" está ahí. Hay sanidad ahí, liberación, alivio, finanzas, buenas relaciones, milagros creativos, paz, gozo y restauración. Cualquiera que pudiera ser nuestra necesidad, está fluyendo en ese río.

Piense en las áreas de su vida en que actualmente haya sequía o lugares donde tenga necesidades. Esos son los lugares que parecen no tener solución. Las cosas están secas y necesitan desesperadamente algunas respuestas. Jesús dio una solución directa para aliviar esa sed, y fue: "Venid a mí y bebed". Ahora bien, para muchos de nosotros esa frase no es nada más que poesía retórica a la que no sabemos muy bien como deberíamos responder, así que nos tumbamos en la almohada y pensamos en la paz que nos hace sentir esa frase, y suponemos que es dar un trago. ¡Pero realmente no *hacemos* nada! Pensamos que beber de la fuente de Jesús es respirar profundamente y pensar con calma sobre Él hasta que la presión de nuestro problema parezca derretirse. Cuando nos levantamos y no ha cambiado nada, sentimos que es más fructífero encender la televisión y obtener el consejo de un programa de un psicólogo. Pensamos que quizá eso nos pondrá en el camino hacia la solución, ¡mientras hacemos el mejor esfuerzo por mantener a Jesús a la vista!

¿Le resulta familiar esta escena? Cualquiera puede obtener consejo del programa de televisión del doctor como ayuda, pero un buen consejo no necesariamente le aporta ningún poder sobrenatural. Puede que le aporte un poder "en la cabeza", pero sin la fuerza del poder espiritual que le impulse primero, llamado la unción, descubrirá que no se siente pleno y se preguntará si está haciendo lo correcto. Usted dependerá sólo de la sabiduría natural, la cual es muy limitada.

Cuando estamos secos y sedientos, la solución duradera no comienza con un consejo rápido y actos, sino que comienza con un fluir de poder espiritual, un fluir del río del Espíritu. Jesús dijo que *Él* era ese río de poder. Aquí es donde muchos de nosotros fallamos. Primero intentamos solucionar algo en lo natural y después intentamos añadir a Dios a la ecuación; después razonamos por qué nuestro curso de acción era su plan todo el tiempo o cuestionamos a Dios en cuanto a por qué hemos fallado. Es como intentar limpiar el polvo de la alfombra sin primero enchufar la aspiradora. Es imposible hacerlo sin antes recibir la corriente. La aspiradora puede que sea el mejor método, puede que usted tenga el mejor modelo que se fabrica, pero sin la corriente la mejor respuesta se convertirá en un esfuerzo inútil. He intentado muchas veces tomar decisiones espirituales al azar, de esta manera: ¡pinto, pinto, gorgorito! Después miro todos los pros y los contras. No hay poder en ello.

Uno mira lo que parece bíblico y espera haber tomado la decisión correcta. Pensar sus decisiones de esta manera es bueno, igual que escoger la aspiradora correcta, pero el elemento perdido es lo que Jesús dijo: "Venid a mí, y bebed". Él estaba diciendo: "Yo soy el río y la unción de Dios. Tengo el poder que tú necesitas que *hará* que suceda lo correcto". ¡Es como una inyección de vitaminas! Tenemos que conectar con el río de poder, igual que conectamos la aspiradora a la pared. Jesús se estaba presentando como la fuente de poder, un río de agua con el que usted se llena antes de intentar ninguna otra cosa.

## EL RÍO DENTRO DE USTED

Podemos saber sin lugar a dudas que Jesús es la fuente de agua que necesitamos, pero no nos hará ningún bien si no tenemos un mapa para localizar la fuente. Tenemos que saber cómo beber. Para que el río de Dios sea su recurso en la vida, tiene que saber dónde encontrarlo. *No se trata sólo de pensar en Jesús e intentar sentirse victorioso.* Tiene que encontrar de dónde fluye Él y entrar en ese fluir.

Como vimos en Juan 7:38, Jesús dijo: "El que cree en mí, como dice la Escritura, de su interior correrán ríos de agua viva". En otras palabras: "El que crea que soy un agua fiable de donde beber descubrirá el río sobrenatural brotando de *su propio* interior". Su propio interior es su espíritu. Saldrá de USTED en forma de agua viva. Ahora bien, el agua viva no es cualquier agua. Es agua "con poder". Si el agua tiene una corriente eléctrica discurriendo a través de ella, usted puede decir definitivamente que está viva. Cuando mete su dedo en ella, créame, conocerá su poder. El río del que Jesús está hablando era el poder ilimitado de Dios. ¿Dónde encuentra usted su fluir? Según Juan 7:39, lo encuentra fluyendo del Espíritu Santo que vive en *su* espíritu.

En la Biblia, las referencias a ríos y agua fluyendo *de* Dios repetidamente muestran la fuente de ella saliendo de nuestro interior. Esta ha sido siempre la intención de Dios, trabajar en usted y a través de usted. Al igual que mucha gente, yo siempre me lo imaginaba de modo diferente. Siempre lo había imaginado como algún río fluyendo del cielo y cayendo sobre mi cabeza para refrescarme con la presencia de Dios. Imaginaba la lluvia de Dios cayendo sobre mí como la lluvia física. ¿Alguna vez se lo ha imaginado así?

Hace años, en los círculos de muchas iglesias, solíamos recitar un viejo dicho que decía: "¡Ponte debajo del chorro de la gloria!". Hoy cantamos frases como: "manda la lluvia" o "la gloria cae sobre nosotros", y frases parecidas. Lo que estamos intentando decir es que todos necesitamos ir donde Dios se está moviendo para experimentar la presencia tangible de su Espíritu y sentirle de una forma física. No hay nada de malo en eso, pero creo que la razón por la que encontramos a Dios moviéndose en ciertos lugares más que en otros es que la gente reunida ha descubierto cómo sintonizar con el río del Espíritu Santo dentro de ellos.

La clave para activar el fluir del río sobrenatural del Espíritu Santo es mirar dentro de nosotros, porque es ahí donde Él vive. Sepa que su poder ya está presente, y que sólo tenemos que saber cómo liberarlo para poder vivir de él independientemente de dónde estemos o lo que sintamos en ese momento.

La mejor manera de conseguir una plenitud coherente y fiable, y resultados en su vida, es aprender a beber del río del Espíritu dentro de usted. No podemos depender sólo de la oración de otros, de la sala de liberación, del altar de la iglesia, del centro de consejería o de recibir una profecía personal para obtener nuestras respuestas, porque esas cosas puede que no siempre estén disponibles. En cambio, esas cosas son para apoyar la unción que está fluyendo desde dentro de usted. Pero si no sabemos cómo depender de ese fluir interno, viviremos de lucha en lucha toda nuestra vida.

Zacarías 14:8 dice: "Acontecerá también en aquel día, que saldrán de Jerusalén aguas vivas, la mitad de ellas hacia el mar oriental, y la otra mitad hacia el mar occidental, en verano y en invierno". Aquí vemos las mismas aguas vivas de las que hemos estado hablando saliendo de Jerusalén. Sabemos por Apocalipsis 21:2 y Jeremías 33:16 que nosotros, el Cuerpo de Cristo, somos la imagen de la Jerusalén espiritual. Este versículo de Zacarías dibuja un cuadro profético de estas aguas vivas saliendo de nosotros. Proceden de la iglesia corporativamente, y fluyen de nosotros individualmente. Aquí dice que el fluir del río no está afectado por la estación del año, lo cual significa que funcionará y fluirá independientemente de la atmósfera o la temperatura. Es un río siempre presente de poder espiritual que funcionará en circunstancias adversas.

Cuando necesite algo de Dios, puede empezar a buscarle en su propio espíritu. Ahí es donde reside su poder; eso es lo que Jesús dijo: "de su interior". Esa es la primera clave para conseguir el poder de Dios para obrar en su vida: recibir la llenura del Espíritu Santo y buscar dentro de *usted* para encontrar la unción de Dios lista para fluir sobre su situación.

## DONDE EMPIEZA EL RÍO SOBRENATURAL

Yo provengo de la típica familia cristiana, al menos en gran parte. Creíamos en la salvación a través de la cruz, íbamos a la iglesia al menos la mitad del año e intentábamos vivir vidas decentes. A decir verdad, mis padres realmente amaban al Señor de la forma que conocían, y nuestra familia estaba unida. Mi padre era militar, así que nos mudábamos mucho de ciudad, lo cual significaba que cambiábamos mucho de iglesia, y por eso no había una manera real de rendir cuentas o comprometerse mucho, lo cual es una ventaja para muchos cristianos nominales. Si la vida no iba muy bien en una ciudad, siempre podías contar con el hecho de que pronto habría una mudanza. Ocasionalmente, mis padres asistieron a estudios bíblicos con otros, la mayoría familias militares. Era el retrato del cristiano norteamericano medio.

En las capillas de la base militar, a las que íbamos a veces, siempre había gente de todo tipo de trasfondo espiritual. Mayormente eran denominacionales, pero siempre estaba aquel que, sí, el pentecostal que invadía cada tarea militar que teníamos. Parecía que no importaba lo mucho que intentáramos evitarlos, siempre estaban ahí. Mis padres realmente no estaban en contra de ello, pero tampoco estaban a favor. Un día le pregunté a mi madre al respecto, y me contestó con un simple: "Es algo en lo que algunas personas creen, pero nosotros nos lo hacemos". "De acuerdo, así que imagino que nosotros no", pensé yo.

Cuando era una adolescente, nuestra familia experimentó algunos problemas familiares menores; ya sabe, los que ocurren cuando toda la familia vive en la línea entre el cristianismo y un estilo de vida secular y lo secular domina los dos. Fuera de una vida cristiana radical y poderosa, una persona no tiene la capacidad de tratar correctamente con todos los problemas que presenta la vida. Finalmente, en algún lugar terminará perdiendo su camino. Bajo esa luz, necesitábamos un cambio. Carecíamos de cualquier poder cristiano. Tuve una confrontación particular de adolescente con mi papá, y uno a uno, finalmente llegamos a la conclusión de que nuestra familia necesitaba una intervención de Dios. No lo sabíamos en ese entonces, pero Dios estaba trabajando y arreglando algo que nos cambiaría para siempre.

Mi padre tuvo un compañero de trabajo cristiano con el que había estado hablando sobre la Biblia. Iba a una iglesia carismática, por supuesto. Mi padre y él trabajaban juntos en una pequeña sala, así que no había manera de evitarlo. Trabajaban y hablaban. Sin embargo, él estaba realmente entregado a Dios, mucho más de lo que nosotros lo habíamos estado. Él hablaba sobre cosas que nunca habíamos oído, como el poder milagroso de Dios; hablaba sobre el Espíritu Santo como si Él de verdad hiciera cosas poderosas. También contaba historias de gente actual que había sido sanada por el poder de Dios, y cosas semejantes. Él y su familia hablaban del poder de Dios de una manera que no nos resultaba familiar aun siendo cristianos. Hablaban sobre ángeles obrando en sus vidas, sobre echar fuera demonios y sentir la unción. De algún modo estaban encendidos. Cuando hablaban de Dios de esta manera, yo de hecho comenzaba a sentir algo físicamente. Mi estómago me daba saltos de emoción porque por primera vez sentía un toque de Dios de una forma parecida a la electricidad. No lo sabíamos entonces, pero estábamos anhelando una experiencia con el poder tangible de Dios, porque nuestro cristianismo previo carecía de vida. Era obvio por el fruto de nuestras vidas.

Aprendimos sobre el Espíritu Santo del libro de Hechos, y

aprendimos que según Hechos 2:38-39 podíamos tener la misma experiencia. Yo conseguí un librito sobre el bautismo del Espíritu Santo, y una noche antes de irme a la cama, lo leí, ¡intentando entender cada palabra! *"Ummmm"*, pensé, "¡Yo quiero eso!".

Durante días, en lo único que podía pensar era en el Espíritu Santo y ese poderoso sentimiento que yo había comenzado a saborear, o sentir. Me leía todos los libros que caían a mis manos sobre el Espíritu Santo, porque, por primera vez, le había sentido. Quería ser llena con el Espíritu como lo había visto en el libro de Hechos, porque ellos tenían poder. Hasta ese punto de mi experiencia cristiana, no tenía nada de eso; sin embargo, aquellas personas tenían poder para curar a un hombre lisiado, reprender espíritus malignos y vencer sus problemas. "Eso es", pensé. "Voy a recibir al Espíritu Santo."

Así que decidí pedirle a Dios que la persona sobrenatural del Espíritu Santo me llenara para rebosar como en el libro de Hechos. Pensé que el mejor lugar para tener ese tipo de experiencia sobrenatural sería en el baño de mi casa, ¡porque pensé que ahí nadie me molestaría! Recuerdo un libro que había leído que decía: "Cuando le pidas al Espíritu Santo que te llene, puede que empieces a oír palabras o sonidos dentro de ti, así que tan sólo pronúncialos y no te preocupe de cómo suenan". (Véase Hechos 2:3-4.) Aunque estaba sola, aún sentía vergüenza de intentarlo. ¡Imagino que pensaba que alguien podría oírme a través de la puerta! De hecho, tenía miedo de oírme a mí misma.

Deshaciéndome de la precaución, cerré fuerte mis ojos y comencé a mascullar sin respirar. Lo único que salió en dos minutos fue una sílaba. "Bueno —pensé—, eso es todo lo que oigo dentro de mí, así que imagino que esto debe de ser". De hecho fue bastante común en vez de ser un sentimiento sobrenatural. Con eso, salí del baño.

Imagino que estaba esperando al menos ver una visión o algo.

Quiero decir, ¿dónde estaban los truenos y cosas así? Creía que se supone que sentiría un viento, como en el libro de Hechos; ya sabe, con algunas señales y maravillas verdaderas.

No estaba muy segura de si había experimentado algo realmente, pero de alguna manera, con el paso de los días, no podía quitármelo de la cabeza, así que decidí seguir diciendo esas sílabas para mí con el fin de ver si sentía algo. Supuse que eso es lo que debía hacer para conseguir que algo ocurriera. A veces tuve algunas sílabas nuevas, un poco más aquí y un poco más allí. Me pregunté nuevamente: "Debe de ser esto, ¿verdad? Señor, ¿tengo el Espíritu Santo o no?". No oí nada.

Finalmente, un día solamente recuerdo que decidí dentro de mí que eso iba a ser, independientemente de todo lo demás. En mi mente, ¡yo tenía el Espíritu Santo ya sea que lo tuviera o que no! Lo único que sabía era que quería seguir experimentando al Dios sobrenatural de la Biblia que había comenzado a sentir por primera vez. Así que comencé a decirles a todos que fui bautizada en el Espíritu, y ya nunca volví a pensar lo contrario. Así es como yo fui llena del Espíritu Santo. No hubo pompa y solemnidad, tan sólo pedírselo a Dios, unas pocas sílabas y decidir que eso era.

Sin embargo, algo comenzó a cambiar en los meses siguientes. De repente, ser cristiana era una prioridad diaria y emocionante, muy distinto al aburrimiento anterior. Me di cuenta de que la Biblia había dejado de ser aburrida. Ahí estaba yo, adolescente, y de repente detestaba el sonido de la música secular. Sin que nadie me lo dijera, tiré toda mi colección de música rock. Nunca tenía bastante de Dios, algo era diferente. Literalmente sentía a Dios sobre mí, por así decirlo. Algo me había ocurrido que me encantaba, aunque no lo entendía todo en ese momento. Sí, algo había sido depositado sin lugar a dudas dentro de mí. De lo que no me daba cuenta aún era que había algo más ahí que un buen sentimiento sobre Dios. Eso iba a ser el comienzo de donde el río del poder de Dios iba a fluir a través de mi vida y a causar que ocurrieran cosas sobrenaturales.

## ¿Dónde se fue el poder?

Cuando fui llena del Espíritu Santo la primera vez, todavía estaba en el instituto. Aún no sabía que Él quería fluir de mí como un río a todos los sitios donde yo fuera para que mis necesidades estuvieran cubiertas en cualquier circunstancia. Iba a una escuela cristiana denominacional, y nadie parecía entender las cosas tan emocionantes que yo estaba experimentando. Ellos no iban a aceptar la manera en que yo conocía y amaba al Espíritu Santo, incluso les parecía ofensivo. Era fácil desanimarse.

Vivíamos en una pequeña ciudad, y había pocas iglesias. Fuimos a una iglesia muy pequeña recién formada, llena del Espíritu, que se reunían en una antigua tienda de alimentación. No era la gran cosa, pero era todo lo que teníamos. Asistimos regularmente, pero desde un principio resultó obvio que yo tendría que conseguir y mantener algunas de mis necesidades espirituales por mí misma.

Pasaba tiempo en mi habitación, leyendo la Biblia y orando en el Espíritu. Escuchaba cintas de predicaciones hasta el punto de que casi podía recitarlas. Al hacer eso, comencé a notar que algo estaba ocurriendo. Las cosas que necesitaba de Dios venían, ¡y mis oraciones comenzaron a ser contestadas de formas sobrenaturales! Comencé a experimentar milagros y momentos increíbles con el Dios vivo. Sorprendentemente, comencé a ver mi futuro en el ministerio. Tenía sueños e imágenes que venían a mí, y eran tan reales que, como resultado, comencé a practicar la predicación en mi habitación de adolescente con una tabla de planchar haciendo de púlpito.

Después de eso, iba a la escuela, a una atmósfera de resistencia, y sentía la necesidad de esconderme de todo. Si intentaba mencionar tan siquiera algo de ello, me encontraba con decidida oposición. Estaba presionada a suprimir el poder de Dios, y siempre lo escondía. Después tenía que ir a casa e intentar repostar y comenzar de nuevo. Parecía una época interminable de punto muerto espiritual, sin un verdadero fracaso, pero también sin un gran crecimiento. No estaba intentando transigir, sino solamente intentando sobrevivir a una controversia innecesaria. El problema era que me costaba mantener el poder fluyendo bajo esas circunstancias porque me desanimaba. Sólo podía intentar mantenerlo fluyendo bajo las circunstancias adecuadas. Me sentía muy derrotada. Era difícil ser fuerte cuando no había ningún apoyo externo.

Es aquí donde llegamos a la prueba de fuego cuando se trata del poder de Dios en su vida. De todas las cosas que he oído en mis años de cristiana, la que más he oído es: "Cuando tengo un problema, no sé dónde se va el poder ¡Me doy cuenta de que estoy luchando! Quiero ser fuerte, pero…". Muchas personas parece que luchan con seguir fuertes en el Espíritu cuando están bajo la presión de fracasar, transigir y pecar. Algunos simplemente tiran la toalla. Es así como el diablo obra, y así es como derrota fácilmente a muchos creyentes.

## LIBRADO DEL SÍNDROME DEL RÍO RESTRINGIDO

Me gusta pensar en este tipo de lucha como el "síndrome del río restringido", y muchos cristianos sufren de este mal. Los síntomas son así: usted se llena de la unción de Dios y siente que está listo para sacudir el mundo y pisotear al diablo al mismo tiempo. Siente al Espíritu de Dios muy fuerte dentro de usted, pero cuando desaparece la atmósfera correcta y es reemplazada por oposición, el fluir de su río se ve interrumpido y parece que no puede mantener las reservas suficientes que le mantengan arriba.

Muchos creyentes tan sólo aceptan la idea de que simplemente no pueden esperar que Dios intervenga con un milagro sobrenatural. Algunos incluso llegan a olvidarse de la fuente de poder. Luego buscan respuestas en cualquier otro lado en vez de depender de la unción dentro de ellos. El poder parece que no está por ningún lado porque sus emociones están aplastadas bajo el peso del problema.

Cuando usted no puede mantener el fluir sobrenatural de Dios en su interior al afrontar una prueba o un problema, puede que tenga el síndrome del río restringido. La unción dentro de usted parece un chorrito en comparación con las pruebas y responsabilidades de la vida. Sigue yendo a la iglesia para animarse otra vez, pero el suministro apenas le llega hasta el lunes por la tarde. Después de llegar a casa del trabajo, la emoción del domingo se ve a kilómetros de distancia. Es como llenar un cubo con un agujero en el fondo.

Esa es la razón de que la gente vaya de conferencia en conferencia, e incluso a la iglesia cada semana, y parece que nunca disfrutan de un cambio duradero en sus vidas. Siguen haciendo lo necesario para mantener esa frescura que recibieron del Espíritu Santo, pero les cuesta mantener el fluir lo suficiente para realmente afectar algo. Se convierte en un ciclo repetido de hacer un cortocircuito al poder de Dios. Conozco a muchas personas que experimentan momentos "en la iglesia" maravillosos pero no pueden sobrevivir toda la semana. El poder con el que fueron inundados está cortado, y tienen que buscar de nuevo la siguiente "experiencia con Dios" para refrescarse.

Por supuesto que necesitamos seguir haciendo lo que sea necesario para estar refrescados, ¿pero de qué sirve si nuestro refresco no nos hace más fuertes que los ataques del diablo? Necesitamos que el poder del Espíritu Santo sea lo suficientemente poderoso para tratar las cosas diarias que afrontamos en nuestras vidas.

¿Le resulta familiar el síndrome del río restringido? ¡Para

mí lo era! Eso es justamente lo que me estaba ocurriendo a mí. Habiendo decidido que no podía vivir más en esta montaña rusa, oré al Señor. Los compañeros en la escuela estaban buscando todas las maneras de desenredar lo que yo creía, aunque yo intentaba no provocarles. Entonces Dios comenzó a abrir mis ojos a algo. El Espíritu Santo trajo un versículo de las Escrituras a la luz, aunque ya lo había leído antes. Era muy simple, pero era lo que me faltaba. Es la revelación inicial que necesitamos si queremos manifestar el poder de Dios aun cuando estemos siendo tentados o probados.

Vea Proverbios 4:23. Dice: "Sobre toda cosa guardada, guarda tu corazón; porque de él mana la vida". En primer lugar, este versículo dice que mana la *vida*. Lo que quiere decir es que hay *fuerzas* que hacen que la vida mane. Es igual que el carbono que burbujea dentro de un refresco. Esas fuerzas hacen que el refresco "cobre vida", y cuando lo pruebas, sabes que está ahí. Ocurre igual con el Espíritu Santo. Dios, en la persona del Espíritu Santo, es la "fuerza" que produce la vida en todo lo que toca. Pero esta es la primera clave para conseguir que esa vida toque la situación de usted. Observe de dónde dice que mana la vida. Las corrientes fuertes que producen vida vienen de dentro de usted. El versículo dice que vienen de su corazón, o de su espíritu. El Espíritu Santo dentro de usted está empujando o forzando que su vida fluya de usted, y nunca le abandona. Mantener el fluir del poder de Dios obrando todo el tiempo comienza con darnos cuenta de que no está fluyendo de un lugar ahí fuera en el espacio. *Va a fluir de dentro de usted.* Incluso en casos donde otra persona viene a ministrarle algo, sigue siendo necesario que lo sobrenatural en usted conecte con ello para que experimente los resultados.

Cuando estaba en la escuela, no me daba cuenta de que el Espíritu Santo dentro de mí tenía un río de suministro disponible en cualquier lugar donde yo iba. Iba a la escuela cada día sintiéndome sola. Era como si entrara en esa atmósfera y *puf*, esa presencia sobrenatural se fuera. Eso es exactamente lo que quiere el diablo. Quiere que usted se sienta aislado y solo para que se olvide de que hay un río sobrenatural dentro de usted. Él quiere que se siga sintiendo aislado del poder de Dios. Satanás sabe que si puede mantenerle enfocado sólo en su última experiencia en la iglesia o en la reunión de oración y lo lejos que quedó dicha experiencia, entonces usted se sentirá desesperanzado. Él quiere que se olvide completamente del suministro interno que tiene *ahora mismo*. No, no sólo dentro del predicador de la televisión sino dentro de *usted*.

Me di cuenta de que tenía que volver a la misma actitud que tenía en el baño el día en que recibí el Espíritu Santo. Yo había decidido ese día que, a pesar de todo, *esto es, aquí mismo y ahora*. El poder de Dios está en mí. Usted tiene que decidir que tiene la capacidad para funcionar en el poder sobrenatural de Dios en cada circunstancia. No significa que tenga que hacer o incluso decir nada en ese mismo momento. A veces, si está alrededor de personas, puede que no sea capaz. Tan sólo necesita saber que el poder de Dios está en usted y que está actuando independientemente de cómo se sienta. Si no es consciente de este hecho, el síndrome del río restringido se activará, y no se sentirá como el tipo de creyente que puede vencer cualquier problema, enfermedad o prueba que se cruce en su camino. Hará que el poder de Dios se vea obstaculizado.

La razón por la que mucha gente no supera sus problemas, ¡es porque en el fondo están convencidos de que no tienen poder! Tienen más confianza en el poder del orador de la conferencia que en el de ellos mismos. Quieren oír otra profecía para estar convencidos de que Dios está aún con ellos y obrando en su situación.

Esto es lo que les ocurrió también a los discípulos en Mateo 17:14-21 cuando habían intentado echar fuera a un demonio de un joven pero no pudieron. Tenían el poder para hacerlo porque Jesús se lo había dado en Mateo 10:1, pero en esta ocasión no estaba funcionando. Le preguntaron a Jesús por qué no pudieron echar fuera al demonio, y Él les dio la razón en el versículo 20: "Por vuestra poca fe". Aunque tenían el poder de hacerlo, no lo creían. Jesús ya les había dado todo lo que necesitaban para ello, pero su incapacidad para creer que lo tenían detuvo el milagro, detuvo su fluir sobrenatural.

¿No le suena esto como a muchos en el Cuerpo de Cristo hoy? No podemos vernos llevando ese nivel de poder dentro de nosotros. Yo fui llena del Espíritu Santo ese día porque tenía la confianza de que personalmente podía contactar con su poder por mí misma, y no me dejé llevar por cómo me sentía al principio. Cuando me di cuenta de que podía seguir volviendo a esa fuente de poder y que siempre funcionaba a través de mí, comencé a caminar en un nuevo nivel de lo sobrenatural y de victoria.

De hecho, lo mismo estaba ocurriendo todos aquellos años cuando, a pesar de los retos que teníamos, seguíamos imponiendo nuestras manos sobre la lista de oración que había en nuestro refrigerador. A veces parecía que no estaba ocurriendo nada, ¡pero sí estaba ocurriendo! El Espíritu de Dios estaba obrando a través de nosotros cada vez que poníamos nuestras manos sobre esa lista y orábamos en el Espíritu.

Muchas personas no comprenden que el río de Dios en su interior está esperando a que lo empujen como el icono parpadeante en la barra del menú inferior de su computadora que dice: "Instalar actualizaciones ahora". Ya está en usted según Proverbios 4:23, pero a menudo estamos ocupados buscando en todos los demás sitios para encontrarlo. El río de poder no se tiene que manifestar sólo en una conferencia, en una iglesia o en una reunión de oración. ¡Ya está en su espíritu intentando abrirse paso para ayudarle! ¿Con qué frecuencia hemos estado en una situación difícil y nos hemos olvidado del poder de la unción en nosotros empujando para que lo liberemos?

Algunos años después del instituto, conseguí un trabajo en un banco. Trabajé allí durante algún tiempo, y llegó el momento de mi primera revisión de trabajo. En ese entonces, sabía mucho más sobre cómo resistir el síndrome del río restringido. Adquirí el hábito de orar en el Espíritu y tener la Palabra de Dios en mi boca. A menudo escribía versículos en tarjetitas y las llevaba conmigo al trabajo. Las guardaba en mi bolso y de vez en cuando, normalmente durante mis tiempos de descanso, las leía y recitaba en voz baja, recordándome que Dios estaba obrando a través de su Espíritu en mí. Necesitaba eso en un entorno mundano.

Mi jefa, que no era cristiana hasta donde yo sabía, me llamó a la sala de conferencias donde iba a tener lugar mi revisión. Me pidió que me sentara al otro lado de la mesa, enfrente de ella. Cuando se sentó, hizo un breve comentario sobre mi trabajo y luego, para sorpresa mía, cambió de tema para hablar de una grave enfermedad que tenía en su cuerpo. Momentos después, comenzó a llorar y a temblar incontrolablemente. Después dijo: "Siento algo ¡Siento a Dios! ¡Por favor, ora por mí!". ¡Le puedo decir que fue muy oportuno que las cortinas estuvieran cerradas! Aunque al principio me impactó, aproveché la oportunidad. Puse mi mano sobre ella y oré, y el poder milagroso de Dios vino y la sanó.

Ahora bien, ¿cómo sabía ella que yo tenía algo que la podía ayudar? Ni siquiera hice un esfuerzo consciente para testificarla. Creo que fue porque esa vez, de forma muy diferente a mi experiencia en el instituto, entré al lugar con el río de Dios fluyendo de mi espíritu. ¿Qué puede pasar cuando nos damos cuenta de lo que reside en nosotros y dejamos que ese poder fluya de nosotros? Entraremos en las cosas sobrenaturales de Dios dondequiera que vayamos, incluso en situaciones donde menos lo esperemos.

## Características del río de Dios

Cuando piensa en los ríos naturales, puede ver por qué la Biblia compara el poder de Dios y su unción con ellos. Los ríos tienen características únicas que les distinguen de otras masas de agua, ya que emulan la unción del Espíritu Santo. La manera en que funcionan es muy parecida a cómo ha de funcionar el río de su espíritu. Aquí hay cuatro características sobre los ríos que se relacionan con el río de nuestro espíritu. Nos ayudará a entender cómo opera este río de Dios dentro de nosotros.

**1. Los ríos están hechos de agua.**

El agua es una de las sustancias más poderosas de la tierra, que cubre dos terceras partes de todo el planeta. Leemos en Génesis 1:2 que antes de que nada fuera creado, el Espíritu de Dios se movía sobre la faz de las aguas. ¿Dónde se movía? Sobre la faz de las aguas de la tierra. Otras traducciones indican que su Espíritu estaba realmente agitando las aguas, creando olas o una corriente. Él hizo que el agua tuviera movimiento. Este fue el primer ejemplo del *mover* del Espíritu Santo, y no es coincidencia que su mover tuviera que ver con el agua. El Espíritu del Señor se movía por el agua desde el primer versículo de la Biblia. Hay algo muy poderoso y profético sobre el agua, porque su Espíritu está representado en el movimiento y fluir de la misma.

Observe que en muchas religiones orientales, los adoradores siempre intentan conjurar los espíritus malignos sobre el agua a través de ciertos rituales de agua. Es muy interesante cuántas actividades y movimientos demoníacos en la tierra tienen que ver con agua, ya sea en masas de agua o en tormentas. Creo que Satanás sabe que el poder del Espíritu de Dios está relacionado con el agua, y su deseo es crear una apariencia falsa. Quiere hacer que el mundo crea que él está en control contra el Espíritu de Dios usando el agua, la fuerza más poderosa de la tierra.

El agua es también una sustancia para limpiar. Tiene la capacidad de purificar como ninguna otra cosa. Los ríos de hecho tienen un sistema de filtración incorporado. El movimiento del agua añade oxígeno y promueve la limpieza. El movimiento y la operación del Espíritu de Dios dentro de usted fluyen y se mueven para promover la vida y la pureza.

Hace varios años estaba yo en oración, y le pedí al Señor que purificase cada área de mi vida. Es importante orar en esta línea de forma regular, ya que mantiene su corazón limpio. Durante la oración, me acuerdo de oler físicamente un olor que entró en la habitación, el cual parecía el aroma de algunos tipos de limpiadores o jabones con lejía. Podía literalmente sentir jabón y agua en mi espíritu, ¡y podía olerlo! Nadie en la casa estaba usando limpiadores o haciendo la colada. Recuerdo que sentí una sensación de pureza y limpieza. Fui consciente del aroma durante algún tiempo después de eso. Fue una experiencia sobrenatural del río de Dios en mi espíritu. ¡Fue maravilloso! Malaquías 3:2 dice: "Porque él es como fuego purificador, y como jabón de lavadores". El Espíritu Santo dentro de usted trabaja como jabón y agua espiritual. Le dará una ducha espiritual todos los días.

## 2. Los ríos tienen una fuerte corriente.

Los ríos también son únicos en cuanto a que son la única masa de agua con una corriente que se mueve en una dirección firme. Cuando se llenan en la época de la crecida, ¡nada puede detenerlos! Si alguna vez ha visto a un río cuando se desborda por sus bancos, sabrá inmediatamente que nada puede interponerse en su camino. Las aguas turbulentas pueden arrastrar grandes edificios, puentes, camiones e incluso algunos árboles. El resultado de un gran desbordamiento es devastador. ¡Es fácil ver por qué Jesús se refirió a su Espíritu dentro de nosotros como a un río! Cuando las crecidas de Dios llegan desde dentro de usted, están pensadas para invadir cualquier obstáculo de resistencia. En otras palabras, el diablo no puede crear una barrera lo suficientemente grande como para detenerle. Sepa que cualquiera que sea el muro que esté frente a usted ahora mismo, es vulnerable al desbordamiento que procede de su espíritu. Es el Espíritu Santo dentro de usted desbordándose contra ello para provocar un avance a su favor.

### 3. Los ríos siempre tienen afluentes.

Los principales ríos siempre tienen otros ríos más pequeños o pequeños arroyos que salen de ellos, y que se denominan afluentes. Estos afluentes proporcionan una ayuda cercana y personal a los entornos y comunidades a las cuales el río principal no llega. Proporcionan un acceso más fácil a la gente o los animales, y proporcionan agua a lugres particulares. Son como una extensión poderosa del río principal diseñados para proveer para un área específica. El Espíritu Santo lo planifica todo de antemano, ¿no es así? No es de extrañar entonces que en Juan 7:38 Jesús dijera: "De su interior correrán *ríos*...", plural. No es solamente un río, sino muchos ríos saliendo de su espíritu, cada uno de ellos diseñado para ministrar de forma única a cada asunto que usted afronte. El Espíritu de Dios tiene un fluir que se aplica a todo lo que usted pudiera necesitar. Hay ríos suficientes fluyendo de su espíritu para influenciar cada situación con una unción especial hecha a medida para esa área.

Hace un poco más de un año mi marido y yo estábamos teniendo problemas para dormir por la noche. O bien nos revolvíamos en la cama, o yo concretamente me despertaba con traumas y dolores. No lográbamos descubrir la razón, así que comencé a sacar del Espíritu de Dios dentro de mí orando en el Espíritu. ¡Un buen descanso es algo muy importante! Una noche tuve un sueño, y me vi en una tienda comprando almohadas nuevas para la cama. En el sueño, "sentía" cómo dormía sobre ellas. El sueño fue tan real que, cuando me desperté por la mañana, no podía quitármelo de la cabeza, y fui a una tienda en rebajas para comprar algunas almohadas. Le dije a mi marido que tenía que gastar algo de dinero en almohadas, ¡porque eran proféticas! Él sólo me miró, pero yo tenía una misión. Oré por el camino y le pedí al Espíritu de Dios que me guiara a las almohadas perfectas. Yo sabía de cierto que el Espíritu Santo me estaba diciendo que nuestras almohadas eran el problema. ¡El Espíritu Santo le dará el poder sobrenatural incluso para algo tan simple como su almohada!

En la tienda miré todas las que había y finalmente escogí una, pero sólo tenían una unidad. Muy decepcionada, fui a la siguiente tienda, y ocurrió exactamente lo mismo. Un poco frustrada, fui a la última tienda intentando obedecer mi sueño. Cada almohada que había escogido hasta ahora no tenía compañera. Algunas de ellas incluso eran un poco caras. Finalmente fui a un una tienda donde hacen descuentos y encontré algunas almohadas de diseño que se vendían por menos de la mitad de su precio, ¡y había montones de ellas! Mientras las compraba, la dependienta me dijo que ella había comprado algunas almohadas recientemente, nombrando las que yo había intentado comprar en las otras tiendas. No le dije que yo las había mirado, ¡pero entonces ella me dijo que eran unas almohadas terribles y que esperaba que las que estaba comprando ahí fueran mejores! ¡Gracias a Dios que esas otras almohadas estaban agotadas! Conseguí las nuevas almohadas, y fueron increíbles. Hemos descansado perfectamente todas las noches. Cuando los ríos de mi espíritu comenzaron a fluir, tuve la confianza suficiente en el poder dentro de mí para avivarlo orando en el Espíritu. A través del Espíritu de Dios, obtuve exactamente lo que necesitaba para solucionar el problema.

Los ríos de su espíritu pueden solucionar incluso el menor de los problemas que usted afronte. Usted posee un río diferente, o unción, para cada cosa que necesita. ¡De su interior correrán ríos de agua viva del Espíritu de Dios!

**4. Las aguas de los ríos pueden bajar.**

Las aguas de los ríos son muy peculiares en su manera de llenarse y bajar de nivel. Los océanos no hacen eso. Los lagos se pueden llenar, pero nunca oímos de grandes lagos inundando cosas, como lo hacen los ríos. Los ríos se llenan y se hacen impredecibles. Los ríos también pueden secarse. Este ciclo de llenado y vaciado puede ocurrir repetidamente en un corto periodo de tiempo. Dios comparó a su Espíritu en usted con un río porque sabía que el fluir total de esa unción podría ser fuerte a veces y luego bajar. No es porque Dios lo diseñara para bajar, sino porque Él quería que usted fuera consciente de que tiene que mantenerse lleno de esa agua viva. Si no, usted comienza a perder su poder, volviéndose seco y sediento. Tiene que llenar el pozo para que pueda volver a beber su agua otra vez.

Lucas 11:24 dice: "Cuando el espíritu inmundo sale del hombre, anda por lugares secos...". También vemos en Lucas 8:26 que el hombre poseído por una legión de demonios fue llevado al desierto por esos espíritus malignos. Cuando Jesús fue tentado por el diablo en Lucas 4:1, la confrontación fue también en el desierto. Los demonios parece que tienen atracción hacia las cosas muertas y secas, ¿no es cierto? Ahora Satanás intenta obtener el control del agua de la tierra, pero le encanta hacer su casa en las cosas secas y sin vida. Los demonios quieren estar alrededor de donde no hay fluir, ni unción, y donde las aguas del Espíritu han decrecido. Por eso les encanta la religión muerta; no hay vida en ella, y la predicación es tan seca que casi puede ver el polvo flotando por el aire.

Para resistir a los demonios que pueda haber alrededor, usted puede llenar su pozo tanto que se desborde por sus bancos y atemorice a todos los espíritus malignos. Esa es la intención de

Dios. ¿Alguna vez ha estado en una fuerte tormenta y ha visto las riberas de los ríos llegar hasta el puente por donde usted estaba cruzando? Puede ser aterrador y muy intimidatorio. Así es como se sienten los demonios cuando las riberas de su río comienzan a crecer. Probablemente empiecen a decir: "¡Un momentos chicos! Creo que corremos peligro de inundaciones. Mejor vayámonos de aquí". Ellos tienen miedo de los ríos sobrenaturales de su espíritu.

Una vez que sea totalmente consciente de que el Espíritu Santo en usted ha depositado un río sobrenatural de poder disponible en cada momento, su cristianismo nunca será igual. Puede aprender a sintonizar con ello siempre que lo necesite.

Demasiados creyentes han vivido al estilo de sueldo en sueldo, yendo de una experiencia con Dios a otra e intentando con todas sus fuerzas aguantar entre medias. Esperan hasta la siguiente profecía, para lo cual nunca es demasiado pronto. Buscan cualquier razón para que oren por ellos, incluso cuando el predicador no está ministrando a su necesidad en particular. Oran desesperadamente por una visión abierta e incluso tratan de no seguir cometiendo los mismos pecados, pero se olvidan del poder dentro de ellos que el Espíritu Santo ha provisto para que traten con esos asuntos. Nunca aprenden que el poder sobrenatural del Espíritu Santo en ellos es un río, y no saben cómo depender de ese recurso de poder. Es como tener un millón de dólares en el banco y sólo sacar un dólar a la semana para vivir.

Este poder en el interior era el río del que hablaba Jesús. Era el río de Dios depositado en cada creyente lleno del Espíritu diseñado para manejar las presiones de oposición de la vida, no sólo para hacerle sentir mejor sino realmente para tratarlas. La fuente de Dios no proviene de algún lugar del exterior, sino que proviene de dentro de usted, y permanece con usted dondequiera que vaya.

Para mantenerla hay que comenzar a cambiar nuestro pensamiento, para no ver la unción como alguna experiencia exterior sino como algo que procede del propio interior. El fluir del Espíritu se despierta con usted, va en el auto con usted y va a trabajar con usted. Está listo para tratar cualquier cosa que usted afronte y está ahí para librarle, hablarle y ayudarle. No se va, porque es parte de usted. Le sanará, y le ayudará a vencer el pecado y a vivir en santidad. Le ayudará a conocer a Dios íntimamente para que su mente tenga un nuevo punto de vista.

Yo no lo sabía entonces cuando era una adolescente, pero este Espíritu Santo trajo con Él un fluir sobrenatural de poder que iba a encender mi caminar con Dios. Era un río que yo no sabía que existía. Era un pozo sobrenatural dentro de mi propio espíritu. Estaba obrando cuando poníamos nuestras manos sobre esas peticiones de oración pegadas en el refrigerador todos aquellos años, y funcionó ese día en mi revisión en el trabajo. Usted también debe convencerse hoy de que, si el Espíritu de Dios está en usted, la fuente está también en usted para lograr cualquier cosa que necesite. Sí, el río sobrenatural de Dios está en *usted*.

## Capítulo Dos

# EL EVENTO CRUCIAL QUE CAMBIÓ LA HISTORIA

Ahí estaba él, de pie ante el Señor clamando: "Te ruego que me muestres tu gloria". Estas fueron las palabras de Moisés en Éxodo 33:18 cuando habló con el Señor en un encuentro cara a cara. Dios estaba enojado de nuevo con los hijos de Israel por su repetida rebelión y falta de disposición para confiar en Él y obedecerle. Como resultado, el Señor le dijo a Moisés que su presencia no acompañaría al pueblo cuando entraran en la Tierra Prometida. Devastado por las palabras de Dios, Moisés le pidió al Señor que no les enviara a la tierra bajo tales circunstancias. Incluso le rogó al Señor que su presencia tenía que acompañarles a la tierra o, de lo contrario, no valdría la pena ir.

El Señor respondió en el versículo 17 diciendo: "También haré esto que has dicho, por cuanto has hallado gracia en mis ojos, y te he conocido por tu nombre". El Señor accedió a ir con ellos simplemente por la oración de Moisés. La respuesta de Dios conmovió a Moisés de una forma tan poderosa que exclamó: "Te ruego que me muestres tu gloria".

Sin embargo, después de haber tenido ya una experiencia cara a cara, ¿qué era lo que Moisés seguía anhelando ver y experimentar? Usted podría pensar que no hay una experiencia mayor para ningún ser humano que estar en la presencia de Dios mismo.

Tras leer esto, un día estaba yo orando, y estaba intentando con todas mis fuerzas conectar con Dios como lo hizo Moisés. Yo decía cosas como: "Dios, quiero verte cara a cara. Quiero una relación contigo como la que tuvieron Moisés, Samuel y Enoc. ¡Señor, por favor permíteme ver tu gloria!". Por supuesto, no hay nada de malo en desear este tipo de experiencia con Dios.

En muchas de las reuniones de oración de nuestras iglesias, oramos también cosas parecidas sobre experimentar la presencia de Dios. Sin embargo, un día el Espíritu Santo habló mientras yo oraba así. Le oí decir: "¡Moisés soñaba con tener lo que tú tienes!". No entendía muy bien lo que quería decir el Señor. "¿Qué? —pensé— ¿Cómo es posible que Moisés quisiera tener lo que yo tengo?". Le dije a Dios que yo nunca le había visto como le vio Moisés. Ni siquiera podía recordar haber tenido una experiencia parecida a la que describe la Biblia acerca de Moisés. Su vida estuvo llena de eventos espectaculares. Un mar entero se abrió en dos ante sus mismos ojos. Las varas se convirtieron en serpientes, su cara brilló, la zarza ardió y las aguas se convirtieron en sangre. ¿Cómo era posible que él soñara con tener lo que yo tengo?

El Señor me llevó a Éxodo 33 nuevamente. Después de que Moisés rogase ver la gloria de Dios, el Señor respondió con algo diferente. Dios no le respondió con el mismo tipo de encuentro cara a cara o con otra señal o evento milagroso. Aunque el versículo 11 narra que Dios habló con él cara a cara, el Señor dijo después en el versículo 20 que ver toda su *gloria* no podía incluir ver su rostro al descubierto. De hecho, la experiencia cara a cara que tuvo Moisés en el versículo 11 quiere decir "estar en la presencia de", como si estuviera en la misma habitación, lo cual es distinto a mirar directamente a los ojos o el rostro de alguien.

A pesar de este encuentro en particular que experimentó Moisés, debió de haber echado algo en falta para que todavía rogara ver la gloria de Dios. Moisés debió de anhelar algo más, algo más profundo.

Al no poder cumplir totalmente la petición de Moisés, el Señor le respondió de forma diferente. La respuesta de Dios aquí es muy profética para representar lo que toda la humanidad, y no sólo Moisés, estaba anhelando. Como ocurrió con Moisés, faltaba algo. En el versículo 21 el Señor hizo que Moisés cumpliera lo que fue no sólo una experiencia personal sino también un acto profético.

Le dijo a Moisés: "He aquí *un lugar junto a mí*, y tú estarás sobre la peña" (énfasis añadido). Dios empezó mostrándole a Moisés un retrato profético de Jesús, que es "el lugar junto a Dios", específicamente sentado a su diestra. Él era la roca sobre la que Moisés estaba. En otras palabras: "Moisés, la única manera en la que conocerás totalmente mi gloria como tú deseas es a través de Jesús y de lo que Él va a llevar al mundo".

La historia continúa en los versículos 22-23, donde encontramos a Dios colocando a Moisés en la grieta de la roca: la roca de Cristo. Esa era una zona de cuevas y un "lugar seguro" en el que estar. Sin embargo, aunque Dios *quiso* que Moisés viera el camino a su gloria, había algo que le impedía a Dios mostrarse totalmente desvelado ante Moisés. Seguía habiendo un velo, una separación, algo incompleto para el deseo de Moisés, incluso en la "roca" de Cristo.

El problema era que si los ojos físicos de Moisés hubieran visto a Dios sin restricciones, habría muerto al instante. Nuestra carne corruptible no puede entrar en contacto con la gloria de Dios de una forma ilimitada. Él es tan poderoso que su gloria consumirá todo lo corruptible que toque. Pero anhelamos experimentar a Dios desvelado y sin límites de esta forma. ¡Queremos tocarle y ver su gloria! Incluso con todas sus experiencias sobrenaturales, es lo que Moisés sabía que era el elemento perdido.

Después de leer estos versículos una y otra vez, seguía meditando en lo que dijo el Espíritu Santo. "¡Moisés soñaba con tener lo que tú tienes!". De repente, di un salto y dije: "Sí, Señor, ahora lo veo". Claro, eso era. Nuestra carne natural y corruptible no puede ver su gloria totalmente desvelada, ni tampoco Moisés pudo verla; pero Dios tenía un plan para que nosotros fuéramos capaces de "verle" sin límite alguno. Estaba "en la roca" a través de Jesús. Jesús nos capacitó, por su sangre, para poder contener su gloria *dentro de nosotros* a través de su Espíritu Santo. Cuando el Espíritu Santo nos llena, ¡podemos verle en nuestro espíritu sin límite alguno! Su espíritu es el lugar donde Él es desvelado para usted. No es con nuestros ojos físicos porque el Señor sabe que nuestra carne sería demasiado frágil para manejar su poder a ese nivel, pero nuestros espíritus que han sido completamente cambiados por la sangre de Jesús pueden albergar su Espíritu sin medida. Se trata de conectar con la gloria de Dios, ¡de Espíritu a espíritu!

Moisés no podía tener este tipo de relación de Espíritu a espíritu con Dios porque su espíritu no había vuelto a nacer en Cristo. Por dentro, estaba espiritualmente muerto, así que no podía recibir la gloria ilimitada del Espíritu Santo que tan desesperadamente anhelaba. Ni tampoco podía verlo completamente por fuera porque la gloria de Dios a ese nivel le habría matado. Moisés sólo tenía opción a lo que él reconoció como un anhelo interno incompleto, por eso clamó: "Te *ruego* que me muestres tu gloria".

Qué desesperación debió de haber sentido. Cada vez que se alejaba de todos los encuentros maravillosos que tenía con Dios, se iba vacío por dentro y solo por fuera ¡No es de extrañar que Moisés tuviera que rogar a Dios que su presencia les acompañara a la Tierra Prometida! Él entendió ese sentimiento de vacío y quería la presencia de Dios incluso al nivel limitado externo que él conocía. Cuando terminaba de hablar con Dios, se separaban hasta que se volvían a encontrar. ¿Puede entenderlo? Basándonos en esto, Moisés habría soñado con tener lo que nosotros tenemos.

Esta relación de Espíritu a espíritu con Dios era lo que Adán tenía antes de la caída. Él llevaba la luz y la gloria ilimitada de

Dios dentro de él. A través del bautismo o la llenura del Espíritu Santo, ahora podemos recibir su gloria ilimitada dentro de nosotros. Esto no significa que no podamos tener una experiencia externa con Dios, ¿pero de qué sirve tener un encuentro externo si uno sigue vacío por dentro? ¿O de qué sirve un encuentro externo si al irse uno vuelve a estar solo? En su interior, puede conocerle a través de la revelación, y aunque sus ojos puedan estar literalmente mirando a la pared de su salón, su espíritu está recibiendo revelación sobre el Señor que los patriarcas de la Biblia no podían haber conocido o entendido; o sentido.

Dios está decidido a revelarnos su gloria. Él también reconoció lo que Moisés encontró que le faltaba en su relación. Por su Espíritu, su gloria ilimitada puede pasar por alto las limitaciones de nuestra carne corruptible. No se trata tan sólo de ver todos los milagros, eventos y encuentros externos como lo hizo Moisés. Esas cosas no satisfacen y no perduran sin la gloria, el fluir, el río de Dios trabajando poderosamente desde *dentro de usted* ¿Se acuerda de la facilidad con que los hijos de Israel se olvidaban de todas las cosas magníficas que hizo Dios? Como no tenían la revelación interior del Dios vivo, las cosas externas no tenían un impacto duradero.

Los milagros y las maravillas externas son sólo una pequeña expresión del brillo interno de la gloria de Dios que usted lleva, y son secundarios a ella. Moisés obviamente sintió la limitación de las señales y maravillas externas, y seguía pidiendo la gloria. Sin embargo, nosotros normalmente relacionamos la presencia de la gloria de Dios con esas cosas. No obstante, lo que Dios quiere que sepamos es que los milagros deberían manifestarse por el fluir continuo del poder que hay dentro de nosotros, y no aparte de nosotros. Moisés hubiera dado cualquier cosa por conocer cómo era eso de tener un río de unción interno. Él nunca pudo experimentar lo sobrenatural desde dentro.

Cuando entendí este simple hecho, que llevamos mucho más

de lo que llevaba Moisés, pude haber explotado a gritos en ese momento. Es una verdad que probablemente creemos que ya sabíamos, pero honestamente, no esperamos que se manifieste en nuestras vidas por la forma en que a menudo hablamos y oramos. Oramos desesperadamente y pedimos la unción de Moisés, Elías u otro personaje del Antiguo Testamento que nos gusta. Casi hablamos como si realmente extrañáramos esos poderosos tiempos de la Biblia, ¿no es así? A menudo respondemos a nuestros problemas como si no tuviéramos poder, y esperamos que aparezca una señal increíble como sucedió con Eliseo.

Viendo esto a través de unos nuevos ojos, busqué en mi Biblia y fui a Juan 4:21-24 donde Jesús habló con la mujer en el pozo. Recordaba los versículos en general, pero no los había visto antes con esta nueva revelación. Dicen así:

> Jesús le dijo [a la mujer de Samaria]: Mujer, créeme, que la hora viene cuando ni en este monte ni en Jerusalén adoraréis al Padre. Vosotros adoráis lo que no sabéis; nosotros adoramos lo que sabemos; porque la salvación viene de los judíos. Mas la hora viene, y ahora es, cuando los verdaderos adoradores adorarán al Padre en espíritu y en verdad; porque también el Padre tales adoradores busca que le adoren. Dios es Espíritu; y los que le adoran, en espíritu y en verdad es necesario que adoren.

Mientras nosotros estamos siempre ocupados intentando conectar con Dios a un nivel externo como lo hizo Moisés, Dios está intentado conectar con nosotros en nuestro espíritu, ¡porque ese es el lugar donde puede conocerle sin límites! Es aquí donde el poder sobrenatural del río de Dios fluye. Es donde su unción viene a usted. Jesús le dijo a la mujer del pozo en Samaria que vendría un día en el que la gente no iba a tener que ir a un determinado lugar físico para encontrar el río y la gloria de Dios, como un monte (Sinaí) o incluso en Jerusalén.

Mientras Moisés y las personas del Antiguo Testamento sólo podían buscar a Dios de esa forma, Jesús dijo abiertamente que eso no es lo que el Padre está buscando. Él no está intentando retener la respuesta a nuestros problemas hasta que llegue la próxima conferencia profética anual o el seminario bíblico, lo cual representaría nuestro Sinaí o Jerusalén. Esas cosas sólo resaltarán lo que Dios realmente quiere. Lo que Él realmente quiere es una conexión ahora mismo en el lugar donde usted está sentado leyendo este libro. Él quiere una conexión dentro de su espíritu porque eso es Dios: ¡Él es Espíritu!

## La historia cambia

De todos los eventos de la historia bíblica, hay un evento especial que Dios estaba esperando. No, no es la resurrección de Jesús, aunque ese fue el evento que nos dio salvación eterna y la oportunidad de ser recreados y limpios espiritualmente.

Pero incluso ahora, el plan final de Dios no ha sido cumplido totalmente. Ser limpio interiormente no era suficiente para satisfacer el corazón de Dios. Hubo otro evento que iba a cambiar a la humanidad para siempre. Fue precisamente lo que Dios estaba esperando y lo mismo que Moisés quería. Marcó una clara diferencia entre el Antiguo y el Nuevo Testamento. Después de ello, la gente no actuaría igual. Veríamos a los seres humanos luchar contra espíritus malignos. La gente hablaría de modo diferente, actuaría de modo diferente y tomaría un nuevo camino con respecto a ellos. Hablarían en un lenguaje celestial extraño y comenzarían a manifestar un nuevo tipo de milagros. Serían el tipo de milagros dedicados específicamente a las necesidades de la gente, diferentes de los incidentes principalmente de cataclismos del Antiguo Testamento. ¿Cuál fue el evento que lo cambió todo?

¡Ese evento fue llamado el día de Pentecostés!

De todos los momentos de la historia de la Biblia o después, ¡este evento llamado Pentecostés fue el momento más satisfactorio de Dios! Fue el momento en el tiempo en que todo lo que el hombre perdió en el huerto del Edén fue restaurado. Especialmente restaurado fue que el Espíritu poderoso de Dios, el Espíritu Santo, iba a hacer su hogar en nosotros, como Él lo hizo con Adán. Dios nunca ha querido tener meramente una relación externa, como la tuvo con Moisés, ni estaba buscando solamente darnos una muestra externa de su poder. Pero así es como muchos de nosotros nos acercamos a Dios. Decimos: "Por favor, Dios, muéstranos los milagros". Sin embargo, olvidamos un factor importante sobre el poder milagroso de Dios. Él quiere mostrarlo, pero tiene una manera específica en que quiere mostrarlos, y es desde su hogar permanente dentro de nosotros de donde el Espíritu Santo vierte su poder milagroso. Él quiere que nosotros saquemos su poder sobrenatural de nuestro interior.

Él no está buscando mostrarse desde fuera como en el Antiguo Testamento, sino que quiere llenarnos de ese poder interior para que se muestre a través de nosotros. De esta forma podemos experimentar la gloria de Dios dondequiera que vamos y no sólo en una conferencia o un lugar concreto. Como está en nosotros, nunca nos deja. Pentecostés nos dio la capacidad de ser llenos hasta el borde con el río de Dios para que podamos mostrar su ilimitado poder.

## El cuarto día de Dios

La Biblia apunta repetidamente al poderoso día de Pentecostés. De nuevo, podría explotar en mi interior cuando veo los retratos proféticos sobre ello entretejidos por todo el Antiguo Testamento. Un buen ejemplo es la visión del profeta Ezequiel. En Ezequiel 47:1, él vio un río fluyendo desde la casa de Dios. ¿Recuerda esa visión? Las aguas estaban rebosando e inundando por debajo de la puerta. Esta fue la visión que retrata el río de la unción de Dios saliendo de la iglesia.

Nosotros somos la casa de Dios; somos su edificio (ver 1 Corintios 3:9). El edificio que vio Ezequiel era la Iglesia, tanto corporativa como individualmente. El río de Dios, a través de la llenura o bautismo del Espíritu Santo, está rebosando desde dentro de usted: el edificio de Dios. El río de Dios es su fuente donde sintonizar con el poder sobrenatural de Dios.

Después de que Ezequiel viese las aguas fluyendo del interior de la casa, entró en contacto directo con las aguas. Es importante darse cuenta de que las aguas le tocaron personalmente. Esto es lo poderoso de la unción interior: le toca y le mueve como persona. Dios se preocupa por usted como individuo, y quiere que usted le sienta.

En Ezequiel 47:3-5, Ezequiel comienza a medir las aguas que estaban fluyendo, y descubrió que al principio medían sólo mil codos de profundidad, llegando sólo hasta los tobillos. Midió tres veces más, y cada vez las aguas eran mil codos más profundas, subiendo desde los tobillos hasta las rodillas y después hasta la cintura.

Finalmente, a los cuatro mil codos, las aguas rebosaban y la profundidad era por encima de su cabeza. En ese momento, el profeta llamó a las aguas un río que no se podía cruzar. Significa que las aguas se habían hecho muy profundas y probablemente estaban avanzando con rapidez.

Es de esta profundidad del río de Dios en usted de donde fluye el Espíritu Santo. Estas aguas son arriesgadas e impredecibles porque fluyen por encima de su cabeza. Eso quiere decir que son sobrenaturales, porque usted no puede tratarlas según la lógica. Si queremos los ríos profundos de Dios, tendremos que nadar en ellos "sobre nuestra cabeza" en algunas ocasiones. Eso quiere decir que no podemos abordar la unción intelectualmente, ¡porque estas aguas pasarán por encima de eso! Muchas personas se pierden el fluir del Espíritu porque son demasiado analíticas. No siempre se puede razonar la unción; usted tiene que sentirla en su espíritu y nadar en ella. Quizá no siempre tendrá todas las respuestas a algo preparado en su mente al principio, pero si escucha a su corazón y pasa tiempo orando en el Espíritu, el Espíritu de Dios fluyendo en usted le guiará a la conclusión correcta. Así es como el río del Espíritu Santo obra en usted. Permítase profundizar en los ríos de Dios hasta un lugar donde no pueda retroceder fácilmente de nuevo a la orilla para analizar los hechos. Comience a permitir que el fluir que está en lo más hondo de usted le lleve a nuevos lugares con el Espíritu Santo. ¡Ahí es donde están los milagros sobrenaturales!

Lo que también hace que la visión de Ezequiel sea tan increíble era que las aguas se medían cada vez en un incremento de *mil*. Los términos numéricos en las Escrituras siempre contienen significado profético. Específicamente, sin embargo, el número *mil* a menudo habla en términos de días sueltos en el calendario de Dios. Entonces, mil proféticamente equivaldría a un día. Vemos esto en 2 Pedro 3:8, donde dice: "Mas, oh amados, no ignoréis esto: que para con el Señor un día es como mil años, y mil años como un día". Los eruditos de la Biblia dicen que la tierra tiene alrededor de seis mil años de antigüedad y que Jesús vino hace unos dos mil años. En otras palabras, Jesús vino alrededor del año cuatro mil de la tierra o el "cuarto día". Pentecostés ocurrió alrededor de ese tiempo: el año cuatro mil de la tierra.

En la visión de Ezequiel, las aguas crecían cada vez que se medían, pero no fue hasta los cuatro mil codos, o el año cuatro mil, que las aguas comenzaron a rebosar como un río. Creo que Ezequiel estaba viendo un evento futuro que iba a impactar la tierra durante su año cuatro mil. Era el tiempo ordenado por

Dios, cuando los ríos fluirían de la casa de Dios y se moverían como un río impetuoso. ¡Fue el momento en el tiempo en que el poder sobrenatural de Dios llenaría a la gente!

No cabe duda de que Ezequiel vio el evento central llamado Pentecostés, el día en que el pueblo de Dios sería llenado con un río de poder torrencial.

Vuelva a mirar el "cuatro mil" de Ezequiel, y véalo proféticamente como un "cuarto día". En el cuarto día de la creación, en Génesis 1:14-19, también puede ver un retrato protético de Pentecostés a través de lo que Dios creó. Cada día de la creación contiene su propio significado profético, pero en el cuarto día hubo tres elementos específicos que fueron creados. Primero, fueron creados el sol y la luna, luego las estrellas, y por último el día y la noche fueron separados el uno del otro. Cada uno de ellos señala a Pentecostés porque la creación del sol y la luna representan lo que profetizó Joel. El conocido pasaje de Hechos 2:16-20 nos dice que Pentecostés revelaría señales tanto en el sol como en la luna, al igual que el sol y la luna fueron también desvelados en ese día de la creación.

Por tanto, las estrellas son un retrato de nosotros: la Iglesia. Lo encontramos en Daniel 12:3, que dice: "Los entendidos resplandecerán como el resplandor del firmamento; y los que enseñan la justicia a la multitud, como las estrellas a perpetua eternidad". Puede ver claramente cómo las estrellas, o la Iglesia, mostrarán la gloria de Dios, al igual que las estrellas lo hicieron primero en Génesis. Luego, finalmente, cuando se dividieron el día y la noche, vemos cómo el Espíritu Santo dentro de nosotros nos hizo ser la luz del mundo separándonos de la oscuridad (Mateo 5:14). Los hombres y mujeres llenos del Espíritu reflejan una imagen exacta de lo que Dios creó en el "cuarto día".

Lo que Dios creó en el cuarto día y el río que vio Ezequiel con una profundidad de cuatro mil codos nos muestran que

Dios estaba prediciendo al mundo acerca del evento venidero llamado Pentecostés. ¡Dios debió de haber estado anticipando este momento especial! No podía esperar para llenarnos con su poder sobrenatural en nuestro interior. Habría señales en el cielo, y un río iba a comenzar a fluir de la casa de Dios que no se podría cruzar. Este era el deseo final del corazón de Dios. Era fluir a través de su pueblo con un poder sobrenatural. No es de extrañar entonces que Dios predijera este evento mucho antes de que ocurriera. Él quería que la gente supiera que un "cuarto día" estaba en camino.

## La gente necesita el poder

Hace varios años, cuando comenzamos nuestra iglesia, pasamos por una época donde la presión externa nos seguía diciendo que cambiáramos el formato de nuestro servicio del domingo por la mañana a un tipo de ministerio más genérico. La gente y otros pastores nos seguían diciendo cosas como: "Es más fácil crecer si no se ofende a los visitantes con demasiada 'cosa del Espíritu Santo', porque puede asustar a la gente buena que quizá no lo entiende". La gente nos animaba mucho a que deberíamos reducir los servicios a una hora o menos, con predicaciones no muy amenazantes y literalmente sin mover o dones del Espíritu Santo funcionando. Muchos pastores a los que conocíamos apoyaban estas ideas. Además, cuando vea que alguien se sale de la reunión de su iglesia justamente después de que alguien reciba liberación o se dé una profecía, su mente se jugará una mala pasada. Su mente dirá: "Mira, la gente cree que tu tipo de iglesia es demasiado radical. La gente quiere un tipo de iglesia diferente en estos tiempos. Quieren un servicio corto con una adoración tranquila y un mensaje ligero. Ellos no están interesados en experimentar a Dios con demasiada profundidad".

Después, siente que debería tener un enfoque "atractivo para todos" del ministerio. Durante un tiempo, eso comenzó a pesar en nuestro pensamiento. Uno quiere que su iglesia, como toda buena iglesia, crezca y cambie vidas. La mayoría de nosotros realmente escogemos esos métodos porque queremos ser buenos líderes y ayudar a toda la gente que podamos. El problema era que había un elemento perdido que seguíamos notando en ese método de ministerio: no había poder.

Realmente nunca cambiamos el formato de nuestros servicios, pero sí sentimos la presión de hacerlo. Entonces, un día durante el servicio del domingo por la mañana, una unción de sanidad barrió toda la sala. La verdad es que el Espíritu Santo ni tan siquiera nos dio la opción de transigir: el poder del Espíritu siguió viniendo.

Ese domingo en concreto oramos por algunas personas enfermas, y hubo una mujer en particular sobre la que recuerdo que impuse mis manos. Ella asistía regularmente a nuestra iglesia, y realmente necesitaba liberación. Cuando llegué hasta ella, tuve un medio pensamiento en el fondo de mi mente de que nada ocurriría porque parecía que ella nunca estaba mejor. ¡Era un caso difícil! En el momento de extender mi mano para tocarla, de repente vi una criatura como un murciélago volar desde su pecho. Salté porque me sobresaltó. Ella saltó hacia atrás violentamente, y aterrizó en el piso y gritó. Fue bastante dramático. Si algo pudiera haber asustado a un visitante, habría sido eso.

Pero había poder en esa sala porque la gente lo necesitaba, y el Espíritu Santo quería que lo tuvieran. Parecía que a Él no le importaba quién estuviera visitándonos o quién pudiera estar mirando ese día, al igual que los visitantes que estaban presentes el día de Pentecostés. Para el Espíritu Santo, las necesidades personales de la gente eran lo más importante. Y no es diferente hoy día. La gente necesita el poder sobrenatural de Dios. Después de ese día, el semblante de la mujer por la que oré experimentó un cambio sorprendente. De hecho, comenzó a sonreír cuando venía a la iglesia.

En otra ocasión, estábamos orando por los enfermos en otra iglesia. Era una congregación más pequeña. Los que tenían necesidad de oración se ponían en fila, y recuerdo que impuse manos sobre una mujer que se volvió calladamente a su sitio después de haber orado por ella. Esa vez no fue nada dramático. Más tarde, hacia el final del servicio, ella se levantó y se fue. Claro, la mente te engaña de nuevo, y supones que la persona quizá se ofendió por algo. Al final del servicio, un grupo de personas vino corriendo desde el fondo con la misma mujer regocijándose. Dijeron: "Tenía unos cálculos en el riñón tremendos y no podía aguantar el dolor, pero después de que orasen por ella en la fila, ¡fue al baño y los expulsó!". Esa señora se sintió mejor y estaba muy feliz.

El río de la unción produce un cambio drástico en todos los que fluyen en él. ¿Qué hubiera ocurrido con esas dos mujeres si hubiéramos decidido no dejar que el río del Espíritu Santo fluyera de nosotros debido a la presión de las críticas? Esas señoras quizá seguirían sufriendo. El Espíritu Santo quiere liberar su poder desde el río de su espíritu para crear un cambio drástico en situaciones en cada lugar que usted vaya.

Historias como esta siempre me recuerdan que el río depositado en mí a través de la llenura del Espíritu está siempre esperando a fluir con poder. No se puede poner precio al gozo y las sonrisas en el rostro de las personas cuando entran en contacto con la unción sobrenatural. Si usted aplasta el río interior debido a la presión, finalmente se convertirá en nada más que un chorrito. Cada cristiano lleno del Espíritu tiene ese mismo río de Dios disponible en su espíritu, y la gente está desesperada por experimentarlo. Necesitamos aumentar ese fluir en nuestras iglesias nuevamente porque el Espíritu de Dios está en nosotros y quiere manifestar poder sobrenatural. Un momento de contacto con ese tipo de poder puede cambiar drásticamente a alguien para siempre de una forma en que los medios naturales no pueden. Nosotros simplemente no podemos menospreciar el poder de Pentecostés, porque la gente necesita la dimensión sobrenatural del Espíritu Santo ahora más que nunca.

## UN CAMBIO DRÁSTICO EN DOCE HOMBRES

Pentecostés fue tan fundamental en la historia de la Biblia que transformó drásticamente a los discípulos de Jesús en nuevas personas. Incluso bajo el poderoso ministerio de Jesús, parece que no pudieron arreglar algunas áreas. En Lucas 24:13-31, encontramos a dos de los discípulos andando por el camino a las afueras de Jerusalén la mañana de la resurrección de Jesús. Ellos deberían haber estado esperando con anticipación ese día, pero en cambio estaban desanimados y confundidos. No reconocieron a Jesús cuando se acercó y comenzó a hablarles. El versículo 16 dice: "Mas los ojos de ellos estaban velados, para que no le conociesen".

Cuando leemos esto, es fácil suponer que el Espíritu de Dios era el que estaba velando sus ojos; sin embargo, la Biblia no menciona eso. Lo que más vela los ojos de la gente hoy proviene de una dureza de corazón o incredulidad. Encontramos después en este pasaje que eso es lo que les ocurrió a esos discípulos. De hecho, la ceguera espiritual es el producto principal de la incredulidad. En el versículo 25, Jesús finalmente les llamó insensatos y tardos de corazón para creer. ¡Guau! ¡Qué primer saludo tan "maravilloso" tras resucitar de la muerte! Sin duda fue una palabra dura, pero no por ello deja de ser cierta.

Sus ojos no podían reconocer a Jesús porque no estaban esperando que Él apareciera. De hecho, en muchas ocasiones diferentes Jesús les dijo claramente que resucitaría de los muertos tras su crucifixión. Una vez en Mateo 26:32, Jesús explicó que iría a

Galilea para reunirse con ellos tras resucitar. De algún modo no entendieron esas palabras. A lo largo de los cuatro Evangelios, Jesús les corrigió repetidamente por ese hábito de incredulidad. Por tanto, cuando Jesús finalmente se reunió con ellos en el camino en Lucas 25, ellos estaban tan llenos de esa misma incredulidad que ni siquiera supieron que era Él. La historia termina en el versículo 21 con un último comentario de uno de ellos, que dijo: "Pero nosotros esperábamos que él era el que había de redimir a Israel".

Tiene gracia, pero esos hombres son exactamente iguales a muchos de nosotros. Tenían miedo de la confrontación y la persecución; discutían por quién tendría el ministerio más poderoso y luchaban con una gran cantidad de incredulidad. Fracasaron en muchos intentos de milagros e incluso intentaron ocultar su relación con Jesús cuando sentían sobre ellos la presión.

Podemos leer estás páginas de los Evangelios y vernos a nosotros mismos. Luchamos con la timidez en algunas ocasiones, tememos que si oramos con confianza por la sanidad de alguien, pueda morir igualmente. Pensamos: "¿Y qué ocurre si intento echar fuera un demonio y no se va?". Hay ocasiones en que nos asusta defender a Dios debido a la oposición. Aquí es donde se encontraban los doce discípulos. Deberíamos ser capaces de identificarnos con ellos, pero la lección de lo que Dios quiere que veamos no acaba con el hecho de que nos identifiquemos con las luchas de los Doce. La lección termina con lo que les ocurrió después en el libro de los Hechos.

Algo les ocurrió a esos doce hombres que les cambió drásticamente, de ser personas tímidas e incrédulas a ser valientes y poderosas. Fueron transformados repentinamente, de ser personas inseguras a ser predicadores comisionados. ¿Qué causó esta diferencia tan notable? No pudo haber sido la resurrección de Jesús, porque ellos lucharon terriblemente con los mismos asuntos incluso hasta Hechos 1:6, cuando aún estaban intentando dar su propia interpretación del propósito de Jesús sobre la tierra. Aún creían que Él iba a vencer al imperio romano y restaurar el poder de Israel. Esto fue incluso después de que Jesús resucitara de la muerte y ya les hubiera explicado el propósito de su venida muchas veces.

Entonces, ¿qué les transformó y provocó este cambio drástico en sus vidas? No fue hasta un evento central en el capítulo 2 del libro de los Hechos. Cuando fueron llenos del Espíritu Santo, algo comenzó a ser totalmente diferente. Pedro, que tenía temor y que había negado a Jesús unos capítulos antes, de repente se levantó y predicó uno de los sermones más directos de todo el Nuevo Testamento. A las mismas personas que le habían intimidado antes en Juan 18 ahora les pide cuentas de la crucifixión de Jesús en Hechos 2:23.

Salieron del encuentro con el poder sobrenatural en el Aposento Alto e inmediatamente llegaron a la puerta llamada la Hermosa en Hechos 3:1-8. Se acercaron a un hombre cojo, y Pedro dijo algo que para nosotros es una pista para entender lo que literalmente supuso Pentecostés para la Iglesia. Dijo una palabra directa al hombre que estaba allí tumbado, ¡y estoy segura de que esa palabra sacudió cada pasillo del infierno! En el versículo 4 le dijo al hombre: "Míranos". ¿Por qué fue esta palabra tan poderosa? Porque Pedro de repente tenía la seguridad de que algo había sido depositado dentro de él. Había un río de lo sobrenatural fluyendo desde su interior, que él había reconocido claramente. Le estaba diciendo a ese hombre cojo que pusiera su enfoque en lo que los apóstoles portaban en su interior.

Muchos de nosotros no reconocemos lo que está realmente en nuestro interior. Puede que hubiéramos afrontado la misma situación del hombre cojo de modo diferente, diciendo algo como: "Lo siento mucho; sé que su situación es mala, pero confíe en Jesús, Él le dará la fuerza para que sobrelleve mejor su problema, y quizá le sane si es su voluntad". Si este hombre se hubiera topado con muchos cristianos hoy, nunca hubiera recibido el milagro. ¿Por qué? No es porque Pedro tuviera más poder que nosotros. A diferencia de Pedro, quizá nosotros no entendemos del todo lo que ha sido depositado en nosotros en la persona del Espíritu Santo. Pedro sí lo sabía, y no tenía ni sombra de incredulidad sobre ello. Pedro ni siquiera le dijo al hombre que mirase a Jesús, y no porque él quisiera que apartara su mirada del Señor, sino porque sabía que el Espíritu del Señor estaba dentro de su propio ser. También, a diferencia de Pedro, nosotros a menudo tememos decir con autoridad: "Míranos". En otras palabas: "Sabemos lo que tenemos, porque el poder del Espíritu Santo está en nosotros y hemos venido para darle lo que hemos recibido". Pedro le dijo al cojo en Hechos 3:6: "Pero lo que *tengo* te doy" (énfasis añadido). ¿Quién tenía el poder? Pedro sabía que él lo tenía.

Sí, estos doce hombres cambiaron drásticamente de Hechos capítulo 1 a Hechos capítulo 2. Algo les ocurrió. Fue llamado el Espíritu Santo y el depósito del río de Dios en el espíritu de ellos. Cuando fuimos llenos del Espíritu Santo, recibimos ese mismo depósito de poder.

Esto es lo último en la tierra que Satanás quiere que usted sepa. Él teme a cualquiera que lo sepa, porque sabe que cuando el pueblo de Dios comience a vivir del pozo sobrenatural en sus espíritus, las cosas van a cambiar. Las ataduras y los malos hábitos perderán su agarre, la sanidad se manifestará, y comenzaremos a operar en el mismo poder que vemos en la Iglesia primitiva. Esto es lo que el Espíritu Santo quiere en usted, y es lo que el diablo odia. Es el río sobrenatural de Dios fluyendo de su propio espíritu.

## Pentecostés: El río de poder

Yo estaba ministrando en una conferencia en cierta ocasión, y era una de esas veces en que sabía que el Espíritu Santo verdaderamente iba a moverse; podía sentirlo. Me levanté y prediqué mi mensaje como siempre hago, y después, de repente, el espíritu de valentía me golpeó. Sin poder hacer nada por detenerme, oí que estaba diciendo: "Yo, Brenda Kunneman, he sido enviada por Dios para impartir en ustedes lo que hay dentro de mí. He venido para tomar el poder sanador que está en mi espíritu y dárselo a ustedes. Si toman el poder que hay en su interior y lo conectan con el mío, será como la electricidad, y se sucederán milagros en todo lugar". Ni siquiera tuve tiempo de pensar lo que dije cuando el lugar se revolucionó.

Por eso no puede usted analizar la unción; tiene que fluir en ella. Impuse mis manos sobre los enfermos, y la gente era golpeada literalmente por el poder de Dios. Una señora tenía una gran hinchazón en sus piernas, y la hinchazón se fue en ese instante, como el aire se va de un globo. La gente se levantaba de sus sillas de ruedas. Estoy segura de que debí de entrar en una unción sobrenatural ese día porque, cuando terminó, había impuesto manos individualmente sobre más de tres mil quinientas personas para recibir sanidad. La gente comenzó a bailar, gritar y gozarse. Fue casi imposible terminar el servicio.

Tras ese día, aprendí algo. Dios me dijo que comenzara a declarar la unción que estaba en mí antes de ministrar. No siempre lo hago públicamente, a menos que me sienta dirigida por el Espíritu Santo a hacerlo, pero siempre lo hago en privado. Profetizo a mi espíritu y ordeno que el río sobrenatural comience a fluir de mí. Eso es lo que Pedro hizo en la puerta la Hermosa porque tenía fe en lo que había dentro de él. Jesús también lo hizo en Lucas 4:18, cuando dijo: "El Espíritu del Señor está sobre mí, por cuanto me ha ungido…". Algo sucederá cuando sabemos quiénes somos y declaramos valientemente lo que llevamos.

Esta es una manera clave para conseguir que el río de Dios fluya de su vida para lo que usted necesita. Esto impedirá que su río quede reducido a un chorrito. No puede usted vivir en poder sólo con un chorrito. Satanás teme a las aguas bravas, ¡no a los chorritos! Hable en voz alta sobre cómo Dios le ha ungido, para lo que sea, y luego ordene a los dones del Espíritu que operen y diga que ha sido usted enviado en el poder del Espíritu. Puede hacerlo para cada situación de su vida.

Aunque no esté llamado al ministerio a tiempo completo, aun así tiene un llamado a ser un vaso de luz, y necesita poder para lograrlo. Puede que algunos piensen que declarar quiénes somos de esta manera parece algo orgulloso, y para unos pocos selectos que deciden cruzar la línea del orgullo, podría ser. Pero cuando usted sabe que es el río del Espíritu Santo el que está en usted, puede hablar sobre ello con toda confianza como lo hizo Pedro. Es la hora de que el pueblo de Dios no tenga miedo de decir esta palabra: "Míranos".

La Biblia dice en Hechos 1:8: "Pero recibiréis poder, cuando haya venido sobre vosotros el Espíritu Santo". Aquí Jesús estaba preparando a sus discípulos para el evento que estaba a punto de poner el mundo boca abajo. Hay algo único en la palabra *poder*. En el griego, es *dunamis*, que significa "milagros, poder y fuerza". Tiene una característica muy especial que a menudo pasamos por alto, especialmente cuando se aplica a nosotros mismos. Viene de la palabra raíz *dunamai*, que significa "hacer capaz o posible". En otras palabras, significa la capacidad de tomar lo que era imposible y hacer que suceda a través de un poder milagroso. A la mayoría de nosotros no nos cuesta asociar esta palabra con Jesús. Él es el Dios de lo imposible. Donde tenemos más problemas es a la hora de ver ese tipo de poder saliendo de nosotros, y esa es justamente la razón por la que no ocurre.

Muchos cristianos no pueden visualizarse haciendo un milagro, aunque les gustaría. No se ven como conductores de la "electricidad espiritual". Es más fácil ver a otros haciendo milagros mientras el diablo nos mantiene enfocados en nuestras flaquezas. Miramos a nuestros problemas que no parecen irse, y olvidamos que llevamos la unción de Dios para tratar con ellos. Pensamos que necesitamos que el predicador fulanito de tal nos ayude. Bien, necesitamos un apoyo ministerial, pero no podemos descuidar lo que Jesús dijo: "*Recibiréis* poder, cuando haya venido sobre *vosotros* el Espíritu Santo". No dijo que otros, sino *vosotros*.

¿Se da cuenta de que Jesús nunca aclaró qué tipo de pode era? Simplemente dijo poder. Los discípulos tampoco tuvieron que preguntarle. Creo que lo supieron automáticamente porque habían visto lo que era el verdadero poder durante los últimos tres años y medio en los que siguieron a Jesús. Ni siquiera tuvieron que entrar en un debate doctrinal al respecto. Simplemente comenzaron a demostrar el único ejemplo de poder que conocían; hicieron lo que Jesús había estado haciendo.

¿Qué ha cambiado hoy día? No ha cambiado nada. Hemos recibido el mismo poder de Hechos 1:8. Es el poder para hacer milagros y realizar lo imposible, no sólo para otras personas sino también en nuestras propias vidas. Es ahí donde muchos de nosotros tenemos que manifestar más el poder de Dios. El río del Espíritu en usted puede lidiar con cosas. El terrible hábito de incredulidad de los discípulos fue aniquilado en un día cuando obtuvieron una revelación de ese poder.

¿Qué hábitos y problemas recurrentes necesita usted que toque el poder de Dios? Si espera a la siguiente reunión de iglesia para tratar con ellos, puede que sea demasiado tarde. Yo no esperaría a que alguien viniera y profetizara sobre mí, aunque lo recibiría de buen agrado si llegara, sino que me levantaría y usaría el río sobrenatural en mi propio espíritu para comenzar a inundar los problemas con *dunamis*. Al llenarle con el Espíritu Santo, Dios le trasladó a usted de la incapacidad a la posibilidad. Vivir del pozo de su espíritu que recibió cuando fue bautizado en el Espíritu

Santo le capacitará para caminar coherentemente en cualquier cosa que necesite de Dios. Usted es sobrenatural porque el Espíritu Santo en usted es sobrenatural.

Un domingo, tras el servicio, estábamos en la puerta de nuestra iglesia saludando a las personas mientras se iban. Dios realmente había estado intentando hablarme sobre su poder que obra dentro de nosotros. Uno de nuestros nuevos miembros estrechó mi mano cuando se iba, y comencé a saludar a la siguiente persona. Cuando casi todos se habían ido, ese hombre volvió y me llamó mientras me daba la vuelta para irme a casa. Me dijo: "Pastora Brenda, tenía que decírselo...cuando estreché su mano antes, sentí una sacudida. ¡Un poder entró en mi cuerpo!". Estaba muy emocionado. Le dije: "¿De verdad?". Ahora bien, ¿me creerá si le digo que yo no sentí nada?

Tenga la seguridad de que si cultiva la unción dentro de usted, fluirá cuando usted ni siquiera se dé cuenta de que está fluyendo. ¿Alguna vez ha pensado cómo no tiene que "intentar" hacer que la electricidad fluya en su casa? Simplemente hace lo necesario para crear el entorno adecuado para ello. Enchufa los electrodomésticos, paga las facturas y enciende los plomos. Luego se olvida de ello y deja que el poder haga su trabajo mientras usted lo disfruta. De lo que me di cuenta con ese hombre en la puerta ese día es que el poder de Dios puede fluir incluso cuando usted no vea o sienta nada. Yo ni siquiera intenté emitir poder alguno, simplemente estaba saludando a la gente.

Empiece a confiar en que está ahí, haciendo bien su trabajo, independientemente de lo que usted "sienta" en cada momento. No deshaga su milagro con el engaño de que no puede sentir nada. El poder está en usted obrando; sólo siga cultivando el entorno adecuado y espere que funcione. Así es cómo la Iglesia primitiva caminaba confiadamente en tanto poder. Simplemente esperaban que el río sobrenatural dentro de ellos funcionara automáticamente. ¡*Sabían* que estaban ungidos!

## ¿PODER SOBRENATURAL O TANQUES DE AGUA CREADOS POR LOS HOMBRES?

No hace mucho, una familia de nuestra iglesia estaba lidiando con una situación legal que verdaderamente no era culpa suya. El diablo intentó meter su mano negra a través de una falsa acusación. Es una familia maravillosa de nuestra iglesia que viven para obedecer a Dios y crecer espiritualmente de cualquier forma posible, y Satanás sencillamente les temía. A los demonios les gusta condenarnos y hacernos sentir un fracaso en medio de nuestros mejores pasos de crecimiento espiritual, y eso es lo que pasó con ellos. Cuando me enteré por primera vez de lo que estaba ocurriendo, comencé a sugerir todos los frentes legales que ellos podrían emprender. En mi razonamiento lógico, quería que ellos llamaran a esta persona, hicieran esto o dijeran aquello, ¡y rápido! A veces, cuando alguien está enojado, está listo para ir a cualquier sitio para comenzar una pelea, y eso era exactamente lo que yo quería hacer.

El siguiente domingo por la mañana, le dije a mi esposo que estaba en mi corazón el orar por ellos durante el servicio. Les llamamos al frente, y mi plan era hacer una oración pastoral básica. Entonces el Espíritu Santo me gritó y me dijo: "Diles esto: '¡*No hagan nada*'!". Él quería que supieran que no había nada de qué preocuparse porque el caso contra ellos no prosperaría. Imagino que cuando el Espíritu Santo quiere dejar algo claro, profetiza como quiere. Se podían ver las cadenas de temor cayéndose de ellos. En la emoción del momento, todos nos iluminamos.

Cuando me reuní con ellos más tarde en la semana, legalmente hablando, las cosas parecían ir peor. Por un momento, comencé a pensar de nuevo en mi mente en la solución. Me di cuenta de que estaba volviendo a hablar de las soluciones que se me ocurrían desde una perspectiva natural. Tras la reunión, el Señor me dijo: "¿Qué estás haciendo?". Ni siquiera contesté porque sabía lo que el Señor me iba a decir. Cuando el Señor te hace una pregunta en tu corazón como esta, es porque está esperando oírte decir lo que ya sabes.

La verdad era que me había dejado llevar por las circunstancias negativas y estaba comenzando a dejar la profecía en el olvido y a concentrarme en otras cosas. Sí es cierto que pensamos en algunas buenas ideas que Dios usó, pero el problema era que yo ignoré la palabra del Señor y me olvidé de la increíble unción que llegó con ella. En vez de conectar mi fe con ese hecho sobrenatural que llegó en forma de profecía, parecía más realista intentar un nuevo enfoque porque había un sentimiento de temor que estaba intentando establecerse.

Después de que el Señor me corrigiera, reconecté mi fe con la palabra previa de Dios, y les recordé a esas personas lo mismo. ¿Sabe lo que ocurrió? El caso terminó inmediatamente esa semana *¡sin hacer nada!* Tenemos que ser muy cuidadosos para no reemplazar el poder de Dios por los métodos hechos por el hombre.

## MÉTODOS HECHOS POR EL HOMBRE

Jeremías 2:13 habla sobre el peligro de reemplazar el poder del Espíritu por los métodos hechos por el hombre. Dice: "Porque dos males ha hecho mi pueblo: me dejaron a mí, fuente de agua viva, y cavaron para sí cisternas, cisternas rotas que no retienen agua". Este versículo nos dice que la gente cometió el error de ignorar a Dios, la fuente en la que habían de confiar y depender. Al final, comenzaron a crear sus propias cisternas como sustituto. Las cisternas son tanques de almacenamiento creados por el hombre para almacenar agua. Estas personas se sentían más cómodas fabricando sus propios tanques que con la provisión de Dios de agua disponible para ellos. Dios dijo que sus cisternas estaban rotas y no podían retener agua. Estaba diciendo que sus fuentes de provisión no eran fiables.

Nosotros también podemos encontrar problemas al crear nuestras propias soluciones naturales a nuestros problemas. En vez de confiar en la fuente del Espíritu en nuestro interior, a veces buscamos en otros lugares un alivio rápido para calmar nuestra sed. Eso puede ocurrir con mucha facilidad si no tenemos cuidado. Hay muchas buenas ideas y voces ahí fuera que pueden desviar a una persona, pero hay una frase clave en el versículo anterior que nos ayudará a evitar que nos salgamos del trazado. Dios dijo del pueblo: "Me dejaron a mí". Caer en la trampa de crear sus propios métodos no ocurrió de repente, sino que comenzó porque el pueblo empezó a dejar a Dios poco a poco. Eso fue lo que yo hice ese día con el caso legal. Puede ocurrir tan fácilmente que ni siquiera seamos capaces de darnos cuenta de que lo estamos haciendo, y por eso hemos de tener cuidado. Podemos ignorar a Dios inconscientemente y poner nuestros ojos en lo que creemos que nos aliviará en ese mismo momento.

Muchos cristianos llenos del Espíritu parecen haber perdido un grado de apreciación de lo que realmente les dio Pentecostés. Para algunos de nosotros quizá sea porque nunca tuvimos la revelación completa de ello desde el principio. Sin embargo, también puedo ver dónde el diablo tiene un astuto plan para devaluar el poder de Pentecostés y reducir su valor en nuestras vidas cotidianas y ministerios. He aprendido, a base de luchar contra el diablo, que a él no le gusta robarnos de forma masiva. Los grandes ataques demoníacos que provocan un gran escándalo normalmente no comenzaron con uno. Comenzaron con una serie de pequeñas distracciones y engaños que apartaron nuestros ojos de nuestra unción interior. Cuando escogemos dar una mordida, nos desviamos del trazado tan sólo unos centímetros cada vez. Luego, tras una serie de estas mismas operaciones sorpresa del diablo, la gente finalmente se da cuenta de que se ha desviado mucho. Como resultado, el río del poder de Dios se convierte en algo prácticamente inexistente, y las únicas respuestas que nos hacen sentir seguros ahora nacen de la sabiduría humana. Entonces la gente se despierta un día y se pregunta dónde se fue el poder y cómo se metieron en ese lío.

Cuando comenzó el avivamiento de la calle Azuza hace cien años, había una emoción masiva con el bautismo del Espíritu Santo y los dones del Espíritu. Sin embargo, en años recientes he notado una tendencia que se ha popularizado cada vez más en las iglesias llenas del Espíritu. Poco a poco han reemplazado su apreciación del poder del Espíritu por otras cosas. Es una tendencia en la que la gente se siente más segura dependiendo más de la palabra de un consejero secular que del río del Espíritu Santo dentro de ellos.

En lugar de ungir con aceite, nos sentimos mejor estudiando las hierbas e investigando en la Internet sobre la salud. En lugar de orar en el Espíritu y buscar las respuestas de Dios en nuestro interior, queremos encontrar una opinión rápida que nos haga sentir bien en ese mismo instante. Las decisiones naturales sabias son importantes, pero casi hemos comenzado a darles más importancia que al río interior, y si no tenemos cuidado, perderemos nuestro espíritu sobrenatural. En cambio, el río de Dios debería ungirnos de tal forma que el poder milagroso de Dios diera a luz a cualquier cosa que necesitáramos, y a veces puede mostrarnos una solución natural simple. Sólo tenemos que tener cuidado de no dejar que los métodos hechos por el hombre reemplacen nuestra dependencia del poder de Dios. De lo contrario, podemos terminar con los resultados erróneos en lugar de con un milagro.

## ¡ASEGÚRESE DE QUE SU RÍO CREZCA!

Manteniendo sus ojos en el Espíritu de Dios en su interior y haciéndole su principal enfoque, puede sacar de ese río con más facilidad cuando lo necesite. Los ríos pueden decrecer si no reciben continuamente un suministro de agua fresca. Fuércese continuamente a estar conectado con la unción. Rodéese de ella y hable de ella, y eso la mantendrá en su mente y le recordará que debe mantener su río lleno y fluyendo.

Cuando la Iglesia primitiva estaba pasando por un tiempo de persecución intensa en Hechos 4:24-31, hicieron lo que fuera necesario para llenar su río con el fin de poder seguir soportando lo que afrontaban. De este pasaje podemos obtener cuatro formas en las que cultivaban el poder sobrenatural de Dios en sus vidas y mantenían su río lleno.

**1. Se congregaban y unían con otros creyentes.**

Conecte con la unción de otros cristianos. Cuando las personas afrontan problemas, a menudo les gusta correr porque están cansados de luchar y sienten que nadie les entiende. Fuércese a ir a la iglesia regularmente, incluso cuando no le apetezca. Manténgase en unidad y niéguese a quedarse aislado. Sólo el hecho de estar en la misma sala con otras personas comprometidas le mantendrá bien enfocado. A largo plazo, esto mantendrá el río de Dios fresco en su vida. En la Iglesia primitiva estaban comprometidos los unos con los otros.

**2. Oraban.**

Se reunían para orar. Podemos suponer con seguridad que oraban tanto en su propio lenguaje como en otras lenguas cuando levantaban sus voces al unísono. Orar en el Espíritu es una parte clave para lograr que su río se mantenga lleno. La coherencia en diferentes tipos de oración y adoración le mantendrá fluyendo en la corriente sobrenatural.

**3. Repetían la Palabra de Dios.**

Note cómo volvían y recitaban las Escrituras y las promesas proféticas. Usted tiene que mantener sus ojos en la Palabra del

Señor o encontrará otra "palabra" intentando captar su interés. Repita una y otra vez lo que Dios le dijo, tanto a través de la Biblia como de profecías que haya recibido.

### 4. Eran valientes en el Espíritu.

Recuerde que la valentía es un imán para la unción. Nunca me gusta callarme las cosas del Espíritu. La timidez es un enemigo de la unción. Es como abrir muy poquito el grifo para obtener un chorrito. La Iglesia primitiva declaraba la Palabra de Dios con valentía, incluso cuando a veces parecía más seguro ser reservado. Como resultado hicieron milagros increíbles.

Al final, llenar los niveles de sus ríos hasta arriba nuevamente dio como resultado la manifestación del poder de Dios. En el versículo 31, el lugar donde estaban reunidos tembló y un río fresco brotó de ellos con toda su fuerza.

Sin lugar a duda, Pentecostés fue un evento central en la historia, ¡porque lo cambió todo! Dios ya no obraba solamente fuera de la gente, sino que comenzó a fluir desde dentro de ellos. Algunos rechazan el poder de Pentecostés, mientras que otros han olvidado lo que les aporta. El tema primordial es que este Espíritu Santo tan maravilloso, que se ha derramado *a sí mismo* en nuestros espíritus, es algo más que sólo una buena sensación interna. Él es algo más que una experiencia momentánea en la iglesia. Él es el todopoderoso e ilimitado Espíritu de Dios mismo, ¡cuyo principal deseo *ha sido siempre* fluir desde su interior hacia cualquier lugar donde haya una verdadera necesidad de agua viva! Pentecostés fue, sin duda alguna, un evento central que cambió la historia.

## Capítulo Tres

# LIBÉRESE USTED MISMO

UCHAS PERSONAS ESTÁN buscando liberación de una forma o de otra. Algunos buscan liberarse de una enfermedad o un problema financiero; otros de un mal hábito o algún tipo de adicción causada por una fortaleza demoniaca. Además, la mayoría de las personas también tienen algunos problemas con su personalidad de los que necesitan liberarse para poder ser más como Cristo.

Lo más importante que hay que saber es que el Señor nunca quiso que viajáramos repetidamente alrededor de las mismas montañas y problemas toda nuestra vida. Dios no quiere que estemos atados a los mismos malos hábitos, actitudes, pecados, rasgos negativos del carácter o fortalezas demoníacas. Aun así, muchos siguen atados a ellos porque no se dan cuenta de que Dios planeó una manera garantizada para que rompieran ese círculo de fracaso, que es aprendiendo el secreto de la autoliberación.

Puede que se pregunte qué significa realmente esto. Aunque lo cubriremos en profundidad a lo largo de este capítulo, sepa que ha de comenzar aprendiendo que la liberación comienza con usted. Los que aprenden a usar el equipo sobrenatural en ellos aprenderán cómo liberarse de la presente esclavitud y evitar futuros baluartes. Así es cómo Dios planeó que la iglesia fuera liberada de los demonios y se mantuviera libre de ellos. También encontrará su sanidad y provisión en el río de su espíritu. Está disponible para tratar cualquier cosa que usted necesite en la vida. El río de la unción sobrenatural no sólo es lo suficientemente fuerte para tratar el problema, sino que su corriente es también lo suficientemente poderosa para impedir que las impurezas se vuelvan a filtrar.

Recuerde que el poder de la liberación viene de dentro de usted porque es ahí donde vive el Espíritu Santo. Podemos ver esto en dos versículos de las Escrituras. Los dos son extremadamente importantes para entender cómo ser libre del poder demoníaco.

Mas en el monte de Sion habrá un remanente que se salve; y será santo, y la casa de Jacob recuperará sus posesiones. La casa de Jacob será fuego, y la casa de José será llama, y la casa de Esaú estopa, y los quemarán y los consumirán; ni aun resto quedará de la casa de Esaú, porque Jehová lo ha dicho.

—ABDÍAS 17-18

En estos dos versículos, Sion y Jerusalén se refieren proféticamente a la Iglesia: la Israel espiritual (Hebreos 12:22-23). Jacob representa al Espíritu Santo. Jacob era el ejemplo del Espíritu Santo al igual que su abuelo Abraham, y su padre Isaac, representaban al Padre celestial y al Hijo. Cuando piense en Sion y Jacob, véase de modo personal. Usted es el *Israel espiritual* que está lleno con el *Espíritu Santo*.

El versículo 17 de Abdías nos dice que hay una característica específica que está visible en el monte Sion o sobre su vida. De todas las cualidades que Dios podía haber enumerado, esta era la que Él escogió antes que las demás. Es lo principal que Dios ve cuando le mira a usted. ¿Cuál era esa característica? ¡Era la *liberación!* Cuando Dios le mira, Él ve un cuadro de liberación. Esto ha sido, y siempre será, la visión de Dios de su pueblo. El segundo atributo enumerado en Abdías es la *santidad*. Dios le ve completamente liberado y santo porque su Espíritu vive en usted.

Quizá no es así como usted se siente cuando ve todas sus faltas y problemas que le rodean, pero eso es lo que Dios ha decidido que usted sea. La primera clave para su liberación es que esté usted de acuerdo con eso. El Señor ve la liberación y santidad cuando le mira a usted, así que dígase que está liberado porque eso es lo que Dios ha dicho de usted.

Sin embargo, no fue algo que dijo sin una buena razón. En el versículo 18 también se menciona a Esaú. Él representa la rebelión y una herencia perdida, porque Esaú era el hombre que decidió perder su primogenitura (Génesis 25:29-34). Rechazó su derecho a la bendición, igual que hicieron Adán e incluso Lucifer. Esaú es un ejemplo de pecado y atadura. Sin embargo, su hermano Jacob recibió toda la herencia que Esaú rechazó. Con ese entendimiento, encontramos que Abdías18 dice: "La casa de Jacob será fuego…y la casa de Esaú estopa, y los quemarán y los consumirán; *ni aun resto quedará* de la casa de Esaú" (énfasis añadido).

Nos dice que el fuego de Jacob quemará por completo todo lo que quede de Esaú. Podríamos parafrasearlo diciendo: "Habrá un fuego en la *casa* del Espíritu Santo que destruirá totalmente la casa de rebelión y las herencias perdidas". ¿Dónde dice que el Espíritu Santo destruye la rebelión? Sucede en la *casa* de Jacob (el Espíritu Santo). Eso está hablando de usted; ¡usted es la casa del Espíritu de Dios!

Cuando aprende que la liberación ya está en usted, comienza a entender que usted es portador del poder para ser libre. El fuego del Espíritu Santo que vive en usted está ahí para vencer toda actividad rebelde que está robando la bendición que Dios ha ordenado para usted. Dios tiene una buena razón para verle liberado, porque usted tiene el fuego de su Espíritu en su interior. ¿Existe algo que su Espíritu no pueda manejar? Él es su fuente de poder de liberación, así que nada puede seguir manteniéndole atado.

Será aún más bendecido con Isaías 62:1-4, que dice:

> Por amor de Sion no callaré, y por amor de Jerusalén no descansaré, hasta que salga como resplandor su justicia, y su salvación se encienda como una antorcha. Entonces verán las gentes tu justicia, y todos los reyes tu gloria; y te será puesto un nombre nuevo, que la boca de Jehová nombrará. Y serás corona de gloria en la mano de Jehová, y diadema de reino en la mano del Dios tuyo. Nunca más te llamarán Desamparada, ni tu tierra se dirá más Desolada.

Aquí encontramos a Dios incapaz de quedarse callado hasta que el brillo y la salvación de la Iglesia resplandezcan como una antorcha. El Dios Todopoderoso está en una misión de liberación. La palabra *salvación* que se encuentra en el versículo 1 es la palabra hebrea *Yeshúa*. Este es el nombre *Jesús*, y su nombre literalmente significa "libertador". Jesús murió para que usted pudiera recibir el Espíritu Santo en su interior para cambiarle y liberarle por completo de todo lo que le mantiene cautivo. Según este versículo, Dios no iba a detenerse hasta que eso ocurriera. Note que dice que la salvación era como una antorcha. Ese fuego o antorcha es el bautismo del Espíritu Santo. Su llenura en el versículo 2 produjo una justicia visible. Produjo gloria y un cambio completo de nombre. Él está en usted con el único propósito de expulsar el poder demoníaco. Nosotros sólo tenemos que aprender a utilizar lo que tenemos.

Dios estaba enfocado en una liberación total cuando pensó en la Iglesia. Dijo que no descansaría hasta que lo viera. Por tanto, ¿cuándo se quedó finalmente satisfecho de que ocurriera? Fue cuando vino la antorcha o el Espíritu Santo y llenó Sion. Eso es lo que Él estaba esperando; así que, cuando usted fue lleno de su

Espíritu, Dios vio un cuadro de liberación total. Dios sólo quiere enseñarnos cómo sintonizar con lo que Él ya conoce. Es aprender a sintonizar con el pozo sobrenatural de poder en su espíritu, donde mora la antorcha. Ese es el Espíritu Santo en usted. El Dios Todopoderoso no ve nada más.

## EL ACOSADOR EN LA IGLESIA

Hace algún tiempo tuvimos un incidente en nuestra iglesia que me hizo darme cuenta de lo mucho que está Dios comprometido con nuestra liberación. Había una familia en la iglesia que había estado asistiendo durante algún tiempo. Tenían un hijo adulto que asistía regularmente con ellos, pero había algo en él que hacía sentir intranquilos a algunos de los líderes. Él hacía todo bien delante de la gente; adoraba a Dios, era fiel en su asistencia y hablaba de manera positiva del ministerio. Provenía de una familia de creyentes de mucho tiempo; así que, como pastores, no podíamos decir qué era lo que nos hacía estar intranquilos con él. En ese tiempo ni siquiera hablábamos mucho entre nosotros de este asunto. Simplemente había algo con él.

Una noche soñé que estaba en un gran edificio; un grupo de personas de la iglesia a quienes yo conocía estaban allí, así que supuse que era un edificio público o quizá el edificio de la iglesia, aunque no reconocía el telón de fondo en el sueño. Yo iba de un lado a otro, haciendo diferentes cosas y hablando con varias personas como normalmente hago, pero cada vez que me daba la vuelta, aparecía este joven. Aparecía de detrás de una puerta, o salía de detrás de una planta, o algo parecido. Cada vez que yo miraba de reojo, él me estaba siguiendo. Comencé a cuidar mi espalda en el sueño. Empecé a intentar alejarme de él, pero seguía viniendo. Me hacía sentir invadida y muy mal.

Cuando me desperté, le conté el sueño a mi marido, y comenzamos a investigar el asunto, especialmente porque el padre de este joven en ese tiempo había comenzado a crear otro problema en la iglesia. Algo estaba sucediendo, y Dios estaba alertando a la gente. Diferentes líderes comenzaron a considerar el asunto. Pocos días después, recibimos una llamada de uno de nuestros ministros que lleva una misión como una extensión de nuestra iglesia. La misión alberga a varias mujeres y niños, algunas trabajadoras y otras que han sido salvadas a través de ese ministerio. Nos informaron de que ese joven había estado entrando en sus habitaciones y que iban a tener que llamar a las autoridades. Una de las chicas dijo que le vio entrar en la habitación de noche, ¡mientras ella se hacía la dormida! Encontraron evidencias de su entrada ilegal. Él comenzó a hacer llamadas de teléfono a las mujeres, diciendo que las estaba vigilando. Llegó incluso a decirles que tuvieran cuidado, ¡porque él estaría en cualquier esquina! ¡Fue escalofriante!

Lo que él no sabía era que Dios *le* estaba viendo. La gente de la iglesia comenzó a estar alerta, y tras haber tenido mi sueño, supimos que Dios estaba poniendo su dedo sobre el problema. Confrontamos al padre respecto al asunto que estaba creando y también al joven sobre sus actividades en la misión. Todos dejaron la iglesia inmediatamente, y nunca volvimos a oír de este joven. Dios estaba muy interesado en nuestra liberación, pero observe cómo Dios usó la unción sobrenatural dentro de nosotros para alertarnos del asunto.

En otra ocasión había un hombre (a quien llamaremos Greg) que había estado asistiendo a la iglesia durante un tiempo. Parecía buena persona, pero siempre mantenía las distancias. Dejó de venir por un tiempo y un día comenzó a llamar a la iglesia. Empezó a dejar mensajes extraños en el contestador de la iglesia a deshoras. Supusimos que estaba tomando drogas y alucinando, porque en los mensajes le decía a mi marido de dejara de hablarle y llamarle, aunque mi marido nunca le había llamado.

Este hombre también estaba convencido de que le estábamos siguiendo. Sus mensajes telefónicos cesaron durante un tiempo y luego comenzaron a ser más frecuentes. Finalmente, comenzó a llamar y hacer la rutina de la respiración en el teléfono. Comenzó a ser algo tan frecuente que un día nuestra recepcionista se hartó. Ella es también nuestra líder de intercesión y una mujer de Dios poderosa. A ella no le importa confrontar un problema si es necesario. Cuando respondió al teléfono, volvió a oír la respiración, y con mucho atrevimiento dijo: "¡Greg! ¡Sé que eres tú! ¡Deja de llamar ahora mismo! ¡Nosotros no te hemos estado llamando, así que adiós!".

Las llamadas se terminaron por un corto periodo de tiempo, pero empezaron de nuevo. Sin embargo, ahora los mensajes se volvieron más amenazadores, hasta que finalmente tuvimos que llamar a las autoridades. Un sábado en particular, el hombre dejó un mensaje de voz y dijo: "Pastor Hank, le estoy llamado. ¡Póngase su traje negro mañana en la iglesia porque voy a por usted!". Lo que nosotros interpretamos es que estaba haciendo una amenaza de muerte.

Quizá no pensamos que realmente asistiría al servicio, así que de algún modo nos vimos atrapados en el ajetreo del servicio de la mañana y se nos olvidó por completo el incidente. Yo estaba de pie en la plataforma mientras estaba terminando la música. Mi marido aún estaba en la primera fila y aún no había subido. Miré al fondo de la iglesia, y este hombre entró por la puerta del fondo vistiendo una chaqueta. Si yo hubiera respondido en la carne, hubiera estado tentada a correr desde la plataforma gritando, pero de algún modo mantuve mi cabeza fría. Una parte de mí no quería alertar a la congregación de nada o hacer que el hombre reaccionara.

No sabía bien qué hacer inicialmente, así que oré en el Espíritu en voz baja, y luego, tras unos momentos, igual de despacio que entró por la puerta, él se fue. Nunca volvimos a oír nada más de él. El Espíritu Santo expulsó al demonio que le estaba dirigiendo. Dios estaba ahí para liberarnos, pero nuevamente fue a través de la unción interior.

Aprendí que si Dios estaba lo suficientemente comprometido con nuestra liberación como para llenarnos con su ilimitado poder a fin de exponer a un acosador y posible asesino, ¿entonces por qué iba a ser menos capaz de destruir el poder de las fortalezas demoniacas personales en nuestras vidas? Isaías 10:27 dice: "Y el yugo se pudrirá a causa de la unción". Un yugo es una carga o grilletes que usan los demonios para controlarle y atarle. Sin embargo, todo poder demoníaco para atar está sujeto a esa unción. Los malos hábitos y las adicciones también deben postrarse ante la unción. La enfermedad y las dolencias deben igualmente postrarse.

En los casos del acosador y el asesino, fue el poder libertador de Dios lo que fluyó específicamente desde el poder interno de los creyentes. Fue del pozo de los cristianos llenos del Espíritu que los planes del diablo fueron interrumpidos.

Lo más importante que debe saber es que puede usar el pozo de su espíritu para su *sus propias* victorias personales. Dios quiere que usted use ese poder sobrenatural para liberarse. Muchas personas pueden ayudar a otros a ser liberados, pero les cuesta mucho llevar a cabo su propia liberación del día a día. Pueden imponer manos sobre otra persona para sanidad, pero les cuesta realizar su sanidad divina para ellos mismos. Pero si Dios liberó poderosamente de circunstancias peligrosas, como lo hizo con nosotros con el acosador, ¿cómo va a ser diferente en el caso de los asuntos personales en su vida? Dios le ha dado el poder para ser liberado absolutamente de todo lo que el diablo pueda lanzar sobre usted, porque la antorcha del Espíritu de Dios está ardiendo en usted, ¡y contiene el poder suficiente para expulsar a los demonios!

## LIBERACIÓN Y EL NUEVO TESTAMENTO

Quizá no nos demos cuenta, pero Pablo enseñó de manera exhaustiva sobre liberación a la Iglesia. Lo enseñó con una dimensión que a veces pasamos por alto. No es porque queramos no verlo, pero como dije antes, lo último que quiere el diablo es que usted sepa lo que lleva en su interior, y hará cualquier cosa para impedir que usted lo vea o que se acuerde de ello cuando más lo necesite. ¡El poder más grande sobre la tierra es el Espíritu Santo en usted!

Cuando obtenemos liberación y nos ministramos a nosotros mismos, lo que a menudo olvidamos es ver el poder interior. No hay nada de malo en que alguien ore por usted e imponga sus manos sobre usted para algo. Necesitamos esa dimensión porque es el Cuerpo de Cristo trabajando juntos para fortalecernos unos a otros. La Biblia dice en Hebreos 3:13: "antes exhortaos los unos a los otros cada día, entre tanto que se dice: Hoy; para que ninguno de vosotros se endurezca por el engaño del pecado". Tenemos que estar ahí para fortalecernos entre nosotros con palabras, a través de nuestro apoyo y en oración. La interacción con otros creyentes también nos permite poder dar cuentas a otros, lo cual todos necesitamos si queremos que nos vaya bien como creyentes. Nos necesitamos el uno al otro. Sin embargo, hay algo en la liberación, sanidad y ministración en los cristianos y el Nuevo Testamento que quiero que vea.

¿Alguna vez se ha dado cuenta de que tras el día de Pentecostés apenas encontramos ninguna mención de expulsar demonios de los *cristianos*? También encontramos tan sólo unos pocos casos aislados de cristianos recibiendo una ministración especial de los apóstoles para sanidad. Casi todos los relatos de este tipo de ministerio eran en ocasiones donde la mayoría de los implicados nunca habían tenido un encuentro con Cristo. Vemos a Pablo echando demonios de una mujer con el espíritu de adivinación en Hechos 16:16-19, pero no se escribió ninguna historia real como esta sobre creyentes en particular. Sin embargo, vemos una gran cantidad de este tipo de ministerio con no creyentes. En todas las instrucciones de Pablo a la Iglesia, escribió sólo un porcentaje muy pequeño con relación a imponer las manos unos a otros para sanidad, e incluso menos sobre echar demonios de los creyentes. De hecho, los ejemplos del ministerio de liberación hacia los cristianos son prácticamente inexistentes. La mayoría de los versículos de todo el Nuevo Testamento sobre el ministerio de liberación rodean la persecución de la Iglesia y el evangelismo. ¿Significa esto que debemos ignorar el ministerio de liberación para los cristianos? No, claro que no. Si un demonio está merodeando, no importa alrededor de quién, tenemos que ocuparnos de él. Si alguien ha abierto la puerta al demonio o los espíritus malignos se han aprovechado de él, entonces tenemos que ayudarle a tratar el asunto, especialmente si no sabe cómo hacerlo por él mismo. Nosotros como creyentes podemos y debemos ayudarle a echarlo fuera (Marcos 16:17).

Sin embargo, puede que haya un ingrediente en la liberación, e incluso en la sanidad, que puede que hayamos olvidado y pasado por alto. Este elemento perdido ha guiado a muchos a depender de las sesiones de consejería, los llamados de oración, las salas de liberación e incluso las profecías repetidas para tratar con los problemas e incluso las fortalezas. Es porque hemos desarrollado un hábito de querer siempre que las respuestas vengan de *afuera* en lugar de desde *adentro*. Creemos que si proceden de otro, de alguien a quien consideramos más ungido que nosotros, entonces seguramente obtendremos lo que buscamos. Son muy pocos los que han aprendido el arte de depender de la unción dentro de ellos para tratar con cosas, y que es un poder sobrenatural. El elemento perdido para su sanidad y liberación podría ser que usted no ha aprendido a extraer del pozo del interior de su propio espíritu.

Lo que tenemos que considerar es que todo el *aroma* del Nuevo Testamento parece tener muy poco que ver con ministrar a *creyentes* enfermos y atados por los demonios. Un día me pregunté a qué se debería esto. En mi interior, me planteaba una serie de preguntas. ¿Sería porque Dios no quiere que seamos sanados y liberados hoy día? ¿Sería porque la práctica del ministerio de sanidad y liberación ya ha desaparecido? Creo que esas *no* son las razones. Dios quiere que todos los cristianos sean liberados y totalmente sanados. Dios está comprometido con nuestra liberación. Quizá la verdadera razón por la que la Biblia no habla de liberación y sanidad de los creyentes sea porque Dios sabe lo poderoso que es su Espíritu dentro de usted. El problema es que muchos de nosotros no lo vemos o no somos conscientes como lo es Dios, así que no practicamos el aprendizaje de sintonizar con lo que llevamos dentro.

En la mente de Dios, Él proveyó poder suficiente al llenarle con Él mismo. Sabemos que es cierto porque los primeros apóstoles obraban así. Usaban el poder en ellos no sólo para vivir fuertes sino también para tratar con las tinieblas en el mundo que les rodeaba. El aroma de todo el Nuevo Testamento señala al hecho de que Dios ya ha decidido que usted está liberado porque el fuego o la antorcha de su Espíritu está en usted. Usted es la casa del Espíritu Santo.

Cuando Pablo enseñó liberación a los creyentes, no enseñó salas de liberación, y apenas menciona gente poniéndose en fila para recibir oración durante sus reuniones. Estoy segura de que los apóstoles ministraban a los creyentes de esta forma de vez en cuando; es sólo que la Biblia realmente no le dedica mucha atención a ello. En cambio, Pablo parecía enseñar una liberación total y una vida abundante de otra manera. Él se enfocaba en la plenitud del Espíritu en el interior. Hay una gran separación en el Nuevo Testamento entre no creyentes atados por demonios y cristianos llenos del Espíritu. Casi todo el ministerio de sanidad y liberación estaba enfocado a los no creyentes, mientras que el enfoque para el creyente era algo muy diferente, ¿Por qué? Creo que los primeros apóstoles vieron sin ninguna duda que cada creyente que está lleno del Espíritu Santo posee el poder que necesita para realizar el trabajo. No se puede conseguir más poder para echar un espíritu maligno que Dios mismo.

¿Podría ser que cuando vino el Espíritu de Dios en Pentecostés, Dios viera que la fuente de poder para liberar para los cristianos ya estaba dentro de ellos? ¡Sí! Dios ve su Espíritu en usted igual que usted ve su auto cuando lo llena de gasolina. Una vez que ha ido al surtidor, ve a su auto de forma diferente. Ahora sabe que tiene el poder para ir donde va y hacer lo que tiene que hacer. Así es como Dios le ve lleno de su Espíritu. Hay poder suficiente para realizar la tarea.

## El pozo de poder en la iglesia

Creo que la Iglesia primitiva llevó una revelación en cuanto a la llenura del Espíritu. Era evidente por cómo funcionaban en el ministerio. Vivían y funcionaban basados en el pozo sobrenatural de poder de su interior.

Cuando Pablo fue atacado por un espíritu maligno al que hemos denominado comúnmente como el "aguijón en la carne" de Pablo, Dios le dijo exactamente cómo tratarlo. Pablo, por un breve tiempo, estuvo haciendo lo que muchos de nosotros haríamos cuando somos atacados por el diablo. Olvidamos el arma secreta que reside en nuestro espíritu. De forma casual, el ataque de Pablo de un demonio en 2 Corintios 12, probablemente no fuera una enfermedad, como algunos ha sugerido. Puede ver justamente antes, en el capítulo 11, que Pablo estaba tratando con numerosos ataques de persecución y la pesada carga del ministerio que llevaba. El diablo estaba usando las pruebas que Pablo afrontaba al predicar el evangelio para desgastarle. Estoy segura de que ese era el *aguijón* que perseguía a Pablo: un demonio que provocaba problemas en cada lugar donde él iba. Era un demonio que llegó para perseguir su ministerio, intentando obstaculizarle para que no llevara a cabo el llamado de Dios.

En 2 Corintios 12:7-8, encontramos a Pablo pidiéndole a Dios que trate con ese espíritu. Aparentemente, él estaba desesperado. Luego, en el versículo 9, el Señor le dijo lo que hacer. Era algo que Pablo tenía en su poder todo el tiempo pero que lo había pasado por alto. El versículo 9 dice: "Bástate mi gracia; porque mi poder se perfecciona en la debilidad". En el griego, la palabra *gracia* es *charis*, que es el completo favor de Dios que hace ser a uno el recipiente de todos sus beneficios. El favor de Dios es *todo* lo que Él es, encerrado dentro de usted. De esta palabra derivamos también la palabra comúnmente conocida como *carisma*. Básicamente, esta palabra significa "gracia que libera con una capacidad milagrosa". Dios le estaba diciendo a Pablo que su *gracia* era suficiente para manejar el problema. El Señor estaba diciendo: "Pablo, ¿no te das cuenta de que mi gracia ya es tuya? ¡Es más que suficiente para expulsar a este demonio!".

Luego, el Señor también dijo: "Mi poder se perfecciona en la debilidad". De nuevo, el poder de Dios aquí es la palabra *dunamis*. Aquí Dios está hablando sobre su dinamita o poder milagroso. Dijo que su poder sólo está completo en la debilidad. ¿Sabía que la dinamita sólo alcanza todo su potencial cuando se usa sobre algo más débil que ella misma? No vale de nada para alguien que esté sentado en la parte de atrás de un camión en algún lugar. Está completa y perfecta cuando se usa sobre algo, y es entonces cuando hace aquello para lo que fue pensada. El poder de Dios se perfecciona o completa cuando se usa contra cualquier cosa que el diablo use para ser un "aguijón" en usted. Y sabemos por el Nuevo Testamento que esta gracia ya está en nosotros, y que tiene características sobrenaturales. El poder de Dios ya está ahí para ejecutarse sobre su necesidad.

Con mucha asiduidad, al igual que Pablo, buscamos nuestro alivio por todos lados, olvidándonos que el Creador del universo y su explosivo poder residen en nuestro espíritu. ¡Las respuestas están todas ahí dentro! La liberación y la sanidad están ahí. La sabiduría está ahí. La sanidad y la paz mental para un corazón partido están ahí, si usted está lleno del Espíritu Santo. No le falta nada de lo que pueda necesitar para prosperar y seguir adelante.

Colosenses 2:10 dice: "Y vosotros estáis completos en él, que es la cabeza de todo principado y potestad". Usando una paráfrasis bastante aproximada y segura podría decir lo siguiente: "Y estáis completos (tenéis todo lo que necesitáis) en Cristo porque Él está por encima de todos los demás gobernantes". ¿No es eso magnífico? Jesús, en la persona del Espíritu Santo en usted, tiene el poder de expulsar cualquier demonio que pueda atarle porque Él es la autoridad suprema.

Una de las razones por la que no sabemos esto es porque el diablo nos engaña para que pensemos que operamos por déficit. Así es como engañó a Pablo. Satanás y sus demonios quieren que usted mire dentro de usted y vea siempre un "saldo negativo" o "números rojos". La clave para usted y para mí es conocer lo que tenemos en nuestro interior y luego aprender a extraer del abundante poder interno.

La verdad es que usted ya ha sido liberado por el poder en usted. Colosenses 1:11-13 dice:

> Fortalecidos con todo poder, conforme a la potencia de
> su gloria, para toda paciencia y longanimidad; con gozo
> dando gracias al Padre que nos hizo aptos para participar
> de la herencia de los santos en luz; el cual *nos ha librado*

*de la potestad de las tinieblas,* y trasladado al reino de su amado Hijo.

—ÉNFASIS AÑADIDO

Este versículo dice que usted ha sido fortalecido con *todo* poder que viene directamente de *su* glorioso poder. Esto no está reservado sólo para cuando lleguemos algún día al cielo. Véase ya liberado de todas las tinieblas ahora, porque ya ha ocurrido. La unción ya está en su espíritu para salir, y el diablo no tiene la capacidad de tenerle atado cuando usted aprende a depender del poder de la liberación que tiene en su interior.

No quiero decir con esto que no tengamos que efectuar nuestra liberación. Lo que tenemos que hacer es comenzar ese proceso de liberación sintonizando con la capacidad sobrenatural dentro de nosotros. Cuando usted encuentra un área de esclavitud o prueba en su vida, primero tiene que saber que Dios está en usted y que Él quiere manifestar lo milagroso principalmente a través de usted. Aprender a vencer sus problemas sintonizando con la gracia de Dios por sí mismo es la manera más poderosa de vivir como creyente. Esto le hará ser un vencedor y una amenaza para el diablo.

## CÓMO EL APÓSTOL PABLO ENSEÑÓ LIBERACIÓN

Quizá la experiencia de Pablo con el aguijón es por lo que enseñó otra dimensión de la liberación. Fue porque el Señor mismo le enseñó sobre su pozo de suministro. Aunque habló muy poco sobre el ministerio en sí de liberación para los cristianos y sólo un poco más sobre sanidad, no obstante habló mucho sobre vivir del pozo del espíritu. Habló sobre vestirse con el poder de Cristo.

El Nuevo Testamento está lleno de versículos de este tipo. Para su propio estudio, a continuación hay una lista de versículos llenos de la *plenitud* de los cristianos llenos del Espíritu, y esta es sólo una pequeña porción de ellos. Se sorprenderá de lo que ya tiene en su vida cuando los lea.

| VERSÍCULOS DESPUÉS DE PENTECOSTÉS SOBRE LA PLENITUD Y EL PODER DEL ESPÍRITU CRISTIANO |
| --- |
| Jesús le dice a la iglesia que se prepare para la dinamita de poder espiritual (Hechos 1:8). |
| La gente fue *llena* con el Espíritu Santo y hablaron en lenguas (Hechos 2:4). |
| Pedro, *lleno* del Espíritu Santo, confrontó a sus acusadores (Hechos 4:8). |
| Creyentes *llenos* del Espíritu Santo predicaron con valentía (Hechos 4:31). |
| Los obreros de las iglesias fueron *llenos* del Espíritu Santo y *llenos* de fe (Hechos 6:3-5). |
| Esteban estaba *lleno* de fe y obró señales y prodigios (Hechos 6:8). |
| Esteban, *lleno* del Espíritu Santo, tuvo una visión de Jesús (Hechos 7:55). |
| Los samaritanos recibieron el Espíritu Santo y gran gozo (Hechos 8:15-17). |
| Pablo fue *lleno* del Espíritu Santo y recibió su vista (Hechos 9:17). |
| Los gentiles recibieron el Espíritu Santo y hablaron en lenguas (Hechos 10:44-47). |
| Bernabé estaba *lleno* del Espíritu Santo y de fe (Hechos 11:24). |
| Pablo, *lleno* del Espíritu Santo, confrontó al mago (Hechos 13:8-12). |
| Los discípulos estaban *llenos* de gozo y del Espíritu Santo, predicaron con valentía (Hechos 13:52). |
| Más fueron *llenos* con el Espíritu Santo y hablaron en lenguas y profetizaron (Hechos 19:1-6). |
| Los creyentes están *llenos* de gozo, paz y esperanza por el poder del Espíritu Santo (Romanos 15:13). |
| Los creyentes están *llenos* de bondad y *llenos* de conocimiento (Romanos 15:14). |

| **VERSÍCULOS DESPUÉS DE PENTECOSTÉS SOBRE LA PLENITUD Y EL PODER DEL ESPÍRITU CRISTIANO** |
|---|
| Los dones del Espíritu funcionan en nosotros con la *llenura* del Espíritu (1 Corintios 12:11). |
| Su espíritu ora en lenguas (1 Corintios 14:14). |
| Nuestro hombre interior (espíritu) se renueva diariamente. Es eterno (2 Corintios 4:16). |
| Caminar totalmente en el Espíritu le hace vencer a la lujuria de la carne (Gálatas 5:16). |
| La iglesia está *llena* del dominio y la autoridad de Cristo (Efesios 1:20-23). |
| El poder de toda la *plenitud* de Dios mora en nosotros (Efesios 3:16-20). |
| La *plenitud* de Cristo nos lleva a la madurez espiritual (Efesios 4:13). |
| Tenemos la opción de estar *llenos* el Espíritu (Efesios 5:18). |
| Tenemos que estar *llenos* de frutos de justicia (Filipenses 1:11). |
| Tenemos que estar *llenos* del conocimiento de su voluntad (Colosenses 1:9). |
| Cristo en usted tiene toda *plenitud* (Colosenses 1:19). |
| Cristo en usted, la esperanza de gloria (Colosenses 1:27). |
| Estamos *llenos* de la seguridad de Cristo con los tesoros de la sabiduría y el conocimiento (Colosenses 2:2-3). |
| Resucitados con Cristo, tenemos toda la *plenitud* de la Deidad (Colosenses 2:9-14). |
| Podemos caminar en la *plena* seguridad de fe (Hebreos 10:22). |
| Ver nuestra vida eterna con Cristo nos *llena* de gozo (1 Juan 1:1-4). |
| La verdad de Dios mora en nosotros (2 Juan 2). |

Creo que no sólo Pablo sino también todos los apóstoles hicieron del pozo sobrenatural de sus espíritus el enfoque de la liberación y la manera para que todas nuestras necesidades de Dios fueran cubiertas. De nuevo, podemos ver en esta lista parcial de versículos que es el *aroma* de todo el Nuevo Testamento. Ellos enseñaron a vivir en el Espíritu y a extraer del pozo del Espíritu Santo interno.

Pablo y su compañero de ministerio, Silas, cuando estaban encerrados en la cárcel en Hechos 16:23-26, sabían que no podían llamar al equipo de oración o que el orador de alguna conferencia acudiera a profetizar sobre ellos en esos momentos. No tenían otra opción salvo extraer de la unción en su interior. Por experiencias anteriores, sabían cómo luchar desde el pozo de sus espíritus.

Si su fuente diaria para luchar siempre requiere la ayuda de otra persona, entonces cuando esté en una situación grave no sabrá como vencer el poder de Satanás cuando nadie esté ahí para ayudarle. Así es como el diablo ha tenido a muchos atados. Éstos se emocionan tras ir a la iglesia o después de la oración, pero cuando llegan a casa ya están cayendo en algunas de las mismas cosas de siempre. No saben cómo vivir fuertes y libres por sí solos.

A lo largo de sus cartas, Pablo les enseñó a los cristianos a vencer sus ataduras, enfermedades y otros problemas *vistiéndose* del poder de Cristo. Ahora bien, eso es mucho más que apretar los dientes e intentar ser todo lo santo, sanado o feliz que pueda. En cambio, es dejar que el río del Espíritu fluya de usted para que pueda inmiscuirse en la onda de un estilo de vida sobrenatural y dejar que éste le lleve. Así podrá vivir fuerte cuando no haya nadie a su alrededor, cuando nadie le vea y cuando no haya nadie ahí para orar por usted. Este tipo de liberación es el que más teme el diablo, porque tiene un fruto duradero. Él sabe que un cristiano que pueda vivir del poder interno es imparable y causará un cortocircuito en sus planes cada vez. Por otro lado, el creyente que no se da cuenta del poder que tiene vivirá de lucha en lucha, siempre intentado buscar su próxima victoria puntual.

Esta es la razón por la que los apóstoles no enfocaron la enseñanza en las filas de oración o liberación y las salas de consejería para ayudar a las iglesias. Les enseñaron a depender del poder del Espíritu Santo en ellos para destruir las obras de las tinieblas por ellos mismos.

## SEIS PASOS PARA LIBERARSE USTED MISMO

Isaías 52:2 dice: ¡Suelta las ataduras de tu cuello, cautiva hija de Sion!". ¿Quién dice este versículo que debería hacer la liberación? Usted mismo. Así que aquí tiene algunos pasos que puede dar para hacer que el río sobrenatural en su interior le libere, y de forma permanente. Estos simples pasos harán que el río en su espíritu comience a fluir libremente, y acolchará cualquier fortaleza con poder sobrenatural. Este poder sobrenatural echará fuera demonios.

1. **Estúdielo.** Llénese de los principios de la Biblia concernientes al hecho de que usted está lleno del poder sobrenatural de Dios. Estudie también versículos que traten sobre sus problemas específicos. La revelación producirá el poder de fe de su interior. Segunda de Timoteo 2:15 dice: "Procura con diligencia presentarte a Dios aprobado, como obrero que no tiene de qué avergonzarse...".

2. **Conózcalo.** Sepa con lo que está tratando y afróntelo. Llámelo por su nombre, y quizá puede incluso escribirlo en papel. Luego acepte lo que Dios tiene que decir sobre ello y aférrese a esa verdad. Juan 8:31-32 dice: "Si vosotros permaneciereis en mi palabra, seréis verdaderamente mis discípulos; y conoceréis la verdad, y la verdad os hará libres".

3. **Dígalo.** Comience a decir que usted tiene el poder para vencer. Hágalo no sólo cuando el dolor o la presión no estén sobre usted, sino especialmente

cuando estén sobre usted. Cuanto más declare liberación, más se solidificará en usted. Declare que es usted un vaso ungido de Dios, capaz de echar al demonio o al problema de usted. Ordene al problema que se vaya de su vida. Mateo 21:21 dice: "Sino que si a este monte dijereis: Quítate y échate en el mar, será hecho".

4. **Ore.** Dedique algo de tiempo cada día a orar por ello. Háblele a Dios en fe y con confianza, mezclado con un corazón contrito. Ore en lenguas cada día porque esta es una llave muy poderosa para lo sobrenatural. Lucas 22:46 dice: "Levantaos, y orad para que no entréis en tentación".

5. **Resístalo.** Evite cosas que solía hacer y que le hacían caer o sentirse desanimado. Cambie hábitos, lugares, horarios y relaciones que le hundan. Cambie el mal por el bien, lo negativo por lo positivo. Dígale también a la fortaleza que se vaya en el nombre de Jesús. Santiago 4:7 dice: "Someteos, pues, a Dios; resistid al diablo, y huirá de vosotros".

6. **Conecte.** Todos necesitamos estar conectados con otros creyentes, no tanto para que ellos hagan la liberación, oración y trabajo espiritual por nosotros, sino para que la unción en ellos pueda extraer la unción en nosotros. Proverbios 27:17 dice: "Hierro con hierro se aguza; y así el hombre aguza el rostro de su amigo".

Estas seis cosas harán que el río sobrenatural del poder de Dios se manifieste sobre los poderes de las tinieblas, si logra ser sistemático con ellas. Quizá diga: "¡Pero estas cosas no parecen muy sobrenaturales!". Sin embargo, a menudo es a través de las cosas que parecen más ordinarias como se libera el poder sobrenatural. De hecho, así es como Dios normalmente trabaja.

¿Recuerda la historia de Naamán en 2 Reyes 5? Era un guerrero del ejército del rey de Siria, pero el problema estaba en que era leproso. ¡Se puede decir que necesitaba liberación! Cuando el rey oyó que el profeta Eliseo estaba en Israel, el rey decidió enviar a Naamán el leproso al profeta para que le curase. Cuando Naamán fue a Eliseo, el profeta le dijo que se lavara en el río Jordán (2 Reyes 5:10). Naamán se puso furioso con la petición del profeta porque sintió que lo que el profeta le dijo para su liberación era demasiado ordinario. En 2 Reyes 5:11, Naamán dijo: "He aquí yo decía para mí: Saldrá él luego, y estando en pie invocará el nombre de Jehová su Dios, y alzará su mano y tocará el lugar, y sanará la lepra".

Además, encontramos en el versículo 12 que Naamán también estaba furioso porque el profeta no sólo le había pedido que hiciera algo ordinario como lavarse en un río, sino que incluso escogió un río sucio en vez de algún otro río mejor de la región. Naamán quería que el profeta hiciera algo espectacular, pero en su lugar lo único que debía hacer era lavarse en un río sucio. No se dio cuenta de que ese paso ordinario, aparentemente rutinario y sin sentido iba a liberar lo sobrenatural.

¿Qué pasaría si cada día usted siguiera los seis pasos enumerados anteriormente? Descubriría que el río de lo sobrenatural que Dios ha colocado en usted comenzaría a fluir y traería un milagro para resolver sus asuntos. Si Naamán hubiera rehusado dar esos pasos, el poder de Dios disponible no hubiera sido desatado para ayudarle.

Aprender a liberarse a través del río de Dios en su propio espíritu comienza con pasos simples que a veces pueden parecen insignificantes, pero es lo que desatará el poder de Dios para usted. Estos inician la unción.

## UNA MUJER, ALGUNOS DEMONIOS
## Y UN POZO ESPIRITUAL

Una mujer maravillosa y ungida de Dios de nuestra iglesia es un testimonio vivo de autoliberación del pozo de su espíritu. Llegó a nuestra iglesia hace muchos años completamente atada bajo el peso de espíritus malignos. Su mente era tan anormal que muchos psicólogos y doctores no sabían cómo ayudarla. Le diagnosticaron de desorden bipolar severo y trastorno de la personalidad. Decía ver visiones gráficas en las que se cortaba el cuello, y consumía drogas y alcohol regularmente para intentar quitarse la vida. Sufría ciclos crónicos de depresión severa, ataques de ira y comportamientos extraños. A veces, se ponía a llorar descontroladamente durante días. Los doctores no sabían cómo ayudarla. Ningún medicamento la curaba, y llegaron al punto de querer administrarle terapia de electroshock como último recurso.

Cuando acudió a nosotros, su rostro era muy oscuro, y pudimos ver la presencia de espíritus malignos en ella. Había momentos en que parecía ser una persona normal, pero luego los demonios se manifestaban, y aunque sabíamos que había sido salva y llena del Espíritu Santo poco después de visitar nuestra iglesia, era obvio para nosotros que aún seguía atada. Ella sabía muy poco sobre el poder de Dios en esos tiempos, pero quería ser libre desesperadamente. Finalmente, nos reunimos con ella para procurar su liberación.

Nuestra reunión de liberación con ella fue un evento increíble. Cuando comenzamos a mandar a los demonios que salieran de ella y la soltaran en el nombre de Jesús, los demonios querían hablar. ¡Mi marido les dijo que se callaran! Ella nos dijo después que sintió como si alguien le metiera algodón en la boca. Tomamos autoridad sobre cada espíritu que la ataba. Ella dijo: "Nunca he sentido tanta presión física sobre mi cuerpo, y aunque no me acuerdo con seguridad, me pareció como si me levantara del suelo y algo se fuera de mí".

Después de orar, ella parecía más ligera y estaba sonriendo. Se podía ver que era diferente. Algo *se fue* de ella: eran espíritus malignos. Sin embargo, cuando se fue de la reunión de liberación con nosotros, aún seguía tomando medicación. Parecía estar mucho mejor, pero no estaba completamente bien. Los espíritus malignos no iban a permanecer alejados tan fácilmente.

Pero esta es la parte de la liberación del pozo de su espíritu que quiero que usted vea. Es aquí donde la mayoría de la gente, o bien logra su liberación del todo o regresa a la esclavitud, y por eso su victoria no puede buscarla sólo en la imposición de manos, la consejería o una reunión de liberación, sino que usted tiene que hacer algo, y debe venir de la unción en *su* interior. Ella me dijo más tarde: "Tuve que comenzar un proceso en mi propia liberación. Tuve que volver a entrenar mi mente sobre cómo vivir normalmente, porque no sabía cómo hacerlo sin depender de esos espíritus. Me sentía tentada muchas veces a volver a la manera en que me comportaba antes".

Un día me dijo: "Pastora Brenda, parece que me siento mejor. Quiero dejar de tomar mi medicina y confiar en Dios, pero no estoy segura de lo que debo hacer". Ahora bien, como pastora, *nunca* aconsejo a nadie que deje de tomar su medicación porque es algo que ellos tienen que escoger bajo el cuidado de un médico. Sin embargo, le dije que diera unos pasos simples y ordinarios. Le dije que comenzara tomando una dosis de la Palabra de Dios cada vez que tomara una dosis de medicación. Le dije que pusiera tarjetas con versículos bíblicos escritos en ellas al lado de los frascos de las pastillas y declararse en voz alta una "dosis" de las Escrituras junto a una dosis de la medicina. Me dijo que lo hizo fielmente cada vez. Yo le di versículos concretos para que los declarase sobre ella misma.

Como resultado, algo poderoso comenzó a ocurrir. Tras un tiempo haciendo esto, decidió visitar a sus doctores para pedirles dejar de tomar la medicina. Les dijo que creía que Dios la había sanado y que quería dejar su medicación. Le rogaron que no lo hiciera porque pensaban que, si continuaba, podría estar a punto de experimentar una mejoría. Sin embargo, ella *sabía* que había sido sanada porque cada día daba el simple paso de "comer" un versículo de la Biblia, y estaba empezando a sentir el poder tangible de Dios.

Convencida de que había sido sanada, finalmente decidió por sí misma dejar la medicación, aunque yo no la aconsejé que lo hiciera. ¿Pero sabe lo que ocurrió? Dejó sus medicinas, y no experimentó ningún efecto negativo al dejarlas. La unción había tomado las riendas. También venía a la iglesia cada vez que se abrían las puertas, y comenzó a aprender sobre el pozo de poder en su interior. Mantuvo un estrecho contacto con la familia de la iglesia y estaba abierta a dar su testimonio. La unción en la iglesia y la gente comenzaron a sacar la unción de ella, y nos dijo: "Comencé a orar en lenguas cada vez que mi mente quería volver a la esclavitud. Paraba, y luego volvía a repetir los versículos". Ella renovaba su mente cada día con esos versículos y crucificó los deseos de su carne, declarándolos y ordenándolos que obedecieran a la unción. Así resistía al diablo.

Me dijo que tuvo que hacer eso durante algún tiempo, incluso después de su liberación. Fue todo un proceso, pero comenzó a dar estos simples pasos, y a cambio liberó el poder sobrenatural del Espíritu Santo. Sus decisiones diarias de hacer las cosas que liberan el poder de Dios le mantuvieron libre.

La mayor lección que podemos aprender de la historia de su liberación es cuando dijo: "Aunque ya era salva y llena del Espíritu, no me había dado cuenta del poder que había en mí para ser libre. Antes, tan sólo intentaba sentirme diferente e intentaba con todas mis fuerzas sentirme mejor porque quería ser cristiana, pero nada funcionaba". Luego dijo: "Sentí que los demonios se fueron cuando oramos, pero rápidamente me di cuenta de que tenía que volver a entrenarme para aprender a vivir. Lo hice con el poder del Espíritu Santo en mí". Hoy día, ella es una mujer ungida de Dios y tiene un testimonio de liberación que vino del pozo del Espíritu Santo en ella. Ya no toma ninguna medicación y es una de nuestras mayores guerreras de oración en la iglesia. ¡Gracias a Dios por su poder!

## LEVIATÁN ESTÁ ROTO

Hace muchos años, tratamos con una situación en la que tuvimos que depender del pozo de la unción interior. Como muchos ministros saben, no todos los que visitan o incluso asisten a nuestras iglesias terminan siendo tus mayores fans. Puede que una persona comience como amigo y se termine convirtiendo en un enemigo. En una ocasión, un individuo asistía a nuestra iglesia cuya familia parecía amigable al principio pero después se enojaron mucho con la iglesia. La familia estaba realmente decepcionada e hizo todo lo posible para desacreditar nuestro ministerio. Escribieron unos emails horribles sobre nosotros, nuestro ministerio y nuestro carácter. Incluso llegaron a contratar a un hombre para que actuara como alguna especie de "cazador de herejías", por decirlo de algún modo, para crear mentiras y otros rumores sobre la iglesia.

He descubierto sobre algunas personas que no importa lo que uno intente, ellos nunca verán que el corazón tiene buenas intenciones hacia ellos. La situación empeoró cuando esta familia llamó a una institución secular en particular muy grande y nacionalmente conocida con la que estaban relacionados, diciendo que éramos una secta terrible y que estábamos intentando "lavar el cerebro" a sus familiares. La institución a la que llamaron es una cuyas raíces están basadas en el humanismo y el orgullo. Leviatán se basa en el orgullo. También usa la falsa acusación para exaltarse a sí mismo. Realmente sentimos que un espíritu maligno de Leviatán había sido liberado contra nuestra iglesia. La falsa acusación contra nuestra iglesia en sí no hubiera sido algo tan malo, a excepción de que esa institución se interesó en la acusación de esta familia y nos llamó por teléfono. ¡Ahora querían investigar nuestra credibilidad! Antes de eso, habíamos orado por la situación, pero en este momento estaba saliéndose de control, y la presión comenzó a ser abrumadora.

Después de que esa institución llamara y comenzara a cuestionar la legitimidad de nuestro ministerio, demandaron nuestros principios de fe y querían que hiciéramos unos exámenes psicológicos. No podíamos creer lo que estaba ocurriendo. En ese momento nos sentimos desamparados. Intentamos cooperar en un intento de ser considerados y profesionales. Hicimos todo lo que pudimos para manejar el problema, pero parecía que cada vez iba a peor.

Después, finalmente un día nos dimos cuenta de que nuestros esfuerzos estaban siendo en vano. Necesitábamos emprender una acción seria en el Espíritu. Estaban mintiendo contra nosotros y estábamos cansados de ello, así que dirigimos nuestra atención al diablo y comenzamos a tratar con la situación en el Espíritu.

Una noche en casa, nos despertamos y comenzamos a orar en voz alta en el Espíritu. Ordenamos a ese demonio que parase, y rompimos el espíritu de orgullo y humanismo que nos estaba acusando falsamente. ¡Mandamos que la boca del acusador quedase atada en el nombre de Jesús! También les dijimos a nuestras mentes que se sometieran al poder de Cristo, y le dijimos a nuestra carne que respondiera en fe y no en temor. Aunque habíamos orado por ello antes, esta vez nuestras oraciones fueron diferentes. ¡Salimos con la actitud de haber sido ungidos! Había un fluir, y ya no fueron oraciones tímidas. Fue ese tipo de oración en la que sabes quién eres y lo que has venido a hacer. Esa noche de hecho sólo oramos unos treinta minutos, pero fue una media hora fiera. Pudimos sentir el río de Dios fluyendo de nosotros.

¿Sabe lo que ocurrió? Inmediatamente Dios comenzó a intervenir, y unos pocos meses después, casi toda la plantilla de esa institución que nos estaba acusando fue despedida de su puesto debido a otro asunto diferente. Salió en todos los periódicos. El resultado fue que se olvidaron completamente de nosotros y la situación se terminó. El cazador de herejías también desapareció.

Dios nos liberó, pero tuvimos que levantarnos y usar el poder que teníamos dentro. Esta vez nos recordamos a nosotros mismos que *estábamos ungidos* y que teníamos el poder para estar firmes frente al diablo. Cuando intentamos luchar por los medios naturales, el asunto empeoró, pero cuando nos dimos cuenta de que teníamos la unción para tratar con ello y nos levantamos en esa posición, el poder sobrenatural de Dios fue liberado, y rompió la retaguardia de ese ataque.

## Cómo experimentar liberación en tres esferas

Antes hablamos de cómo los ríos tienen diferentes afluentes que llegan a lugares diferentes donde el río principal no puede llegar. Sucede lo mismo con el río del Espíritu Santo dentro de usted. Los ríos de unción que salen de usted pueden orientarse para tratar con ciertos problemas. No hay un problema que usted pueda experimentar que la unción no pueda tocar. El Espíritu en su interior está disponible para tocar cada parte de su ser. El poder del Espíritu Santo en su interior tiene que tocar tres esferas de su vida para que usted pueda ser liberado totalmente.

**1. *Su espíritu*—la experiencia de la salvación, nuevo nacimiento**
Su espíritu es su hombre interior que fue renovado cuando nació de nuevo. Segunda de Corintios 5:17 dice que ha sido completamente reconstruido. Lo viejo ha sido desechado y su espíritu fue hecho de nuevo en un momento cuando Jesús se convirtió en su Señor y el Espíritu Santo le llenó. La liberación de su espíritu es instantánea en naturaleza, y los demonios pierden inmediatamente su territorio en su espíritu a través del nuevo nacimiento. Los resultados se ven en la forma en que su corazón de repente empieza a estar hambriento de Dios y usted es atraído a Él y a sus caminos. Una vez que su espíritu es liberado a través de la experiencia del nuevo nacimiento (Juan 3:3; Romanos 10:9-10), Dios le impulsa con su poder a través del bautismo del Espíritu Santo (Hechos 1:8; 2:4, 38-39). Es el poder que usted necesita para que no sólo su espíritu sino también las otras partes de usted puedan experimentar el mismo poder libertador. Es cuando Dios descarga su río de unción en usted para comenzar a tratar con las dificultades de la vida.

**2. *Su mente*—la experiencia de caminar en el Espíritu.**
El campo de batalla de la mente es el lugar que mantiene a muchas personas atadas, aunque tengan el poder de ser libres. Las personas permanecen atadas no porque no quieran verse libres en sus pensamientos, ni porque no intenten lo suficiente pensar con pureza y hacer las cosas bien, sino porque un estilo de vida de ciertos patrones y fortalezas demoníacas dejan una huella permanente en sus mentes. Es algo parecido a la manera en que las computadoras crean "huellas" de las cosas que han sido escritas, como una página web o una dirección de correo electrónico. Se crea un patrón.

Sin el poder del Espíritu Santo tratando esas huellas en su mente, usted volverá a las mismas respuestas cuando la presión de la vida apriete el botón correcto. Usted "llenará" la respectiva necesidad de forma automática con un hábito o respuesta previa, no siempre consciente de que lo está haciendo. Algunas personas vuelven a adicciones o abuso de sustancias; otros vuelven a la ira, la mentira o las tácticas de control como palabras dañinas o el tratamiento de silencio. Otras huellas que la gente usa para responder a las presiones de la vida son: temor, malos hábitos alimenticios, pereza o chismes. Aunque los demonios pueden estar detrás de estos comportamientos, no será usted liberado totalmente a menos que trate con las huellas de su mente. Me gusta decirlo de esta forma: puede espantar a las moscas, ¡pero tendrá que sanar las heridas! La mayoría de estas huellas fueron creadas por demonios usando a otras personas para herirle y luego dejar las cicatrices. A menudo se produjeron por la manera en que fuimos criados y por los patrones que se formaron entonces.

Su mente es muy compleja y tiene cinco partes: su voluntad, intelecto, emociones, imaginación y memoria. Cada parte de su mente necesita que se creen unas nuevas huellas que borren las que dejaron los demonios de este mundo. Aunque usted expulse demonios de una persona, ese individuo necesita volver a entrenar su mente y su estilo de vida para ver y experimentar algo nuevo. Su mente se ha entrenado sola para decirle a su cuerpo lo que debe hacer para manejar una situación.

La única manera de ser liberado de las tinieblas en su mente es renovando su mente según Romanos 12:2, que dice: "No os conforméis a este siglo, sino transformaos por medio de la renovación de vuestro *entendimiento*" (énfasis añadido). ¿Cómo dice que debemos ser transformados? Renovando nuestro entendimiento. ¿Renovándolo de qué? De las huellas anteriores creadas por el pecado y el mundo. La liberación de su mente es un *proceso gradual* a medida que usted permite que el río del Espíritu Santo trate áreas diferentes de su mente. Lo puede hacer exponiendo su mente a las cosas espirituales de manera regular. Deje que las aguas del Espíritu contacten con su mente centrándose en el Señor. Su mente está atrapada entre su nuevo espíritu victorioso y su viejo cuerpo mortal. Es el árbitro entre los dos. Los demonios pierden sus puntos de apoyo en su mente cuando el fluir de su espíritu trata cada área, una a una, permitiendo que su nuevo hombre domine. El fruto de una mente liberada se ve cuando usted trata las cosas *caminando en el Espíritu* según Gálatas 5:15-17. Caminar en el Espíritu significa que usted escoge hacer cosas espirituales a fin de no cumplir los deseos de la carne. Entonces, cuando las presiones de la vida aprieten los botones, usted estará entrenado para no responder a una huella antigua. ¡Esa huella se borrará finalmente con el poder de Dios en usted!

**3. Su cuerpo—la experiencia de la crucifixión diaria.**
La Biblia nos enseña que nuestros cuerpos están en una carrera hacia la muerte. En 2 Corintios 4:16, vemos que "...antes aunque este nuestro hombre exterior se va desgastando, el interior no obstante se renueva de día en día". Nuestros cuerpos mortales morirán todos algún día, y es algo fácil de ver. Tenemos que recordarles que luchen contra el dolor y la enfermedad. ¿Alguna vez se ha dado cuenta de las veces que prefiere sentarse en el sofá y no hacer nada antes que ponerse a trabajar? ¡Yo sí! ¡Y es porque nuestros cuerpos están felices sentándose y no haciendo nada! A su cuerpo le encanta el placer y la comodidad, aunque tenga que pecar para sentirlo. También le cuesta seguir en la lucha contra la enfermedad y las flaquezas. La Biblia dice que nuestra carne se opone directamente a nuestro espíritu renacido, y luchará para conseguir lo que quiera disfrutar.

Conseguir que su cuerpo luche contra su deseo de pecar y morir es la mayor batalla de un cristiano. Necesitamos que el poder sobrenatural de Dios se derrame de nuestro espíritu y nuestra mente renovada para que nuestro cuerpo sea liberado. La liberación de su cuerpo o carne es una decisión diaria de crucifixión. Eso significa que sus deseos carnales y comodidades tienen que colocase sobre su propia cruz y ser crucificados. Puede leer sobre la crucifixión de la carne en Romanos capítulos 6, 7 y 8. Gálatas 2:20 dice: "Con Cristo estoy juntamente crucificado, y ya no vivo yo, mas vive Cristo en mí; y lo que ahora vivo en la carne, lo vivo en la fe del Hijo de Dios, el cual me amó y se entregó a sí mismo por mí". Este versículo nos da algunos detalles muy interesantes para llevar a cabo la liberación en nuestro cuerpo: (1) Decidir diariamente que no es lo que yo quiero sino lo que Jesús quiere (esta es la crucifixión diaria), (2) usar activamente la fe y el poder de Dios para su liberación, y (3) saber que Dios le ama incondicionalmente y que está dando de sí mismo para que usted sea libre.

Cada una de estas cosas se aplica no sólo a los deseos de su carne, sino también a su sanidad física. Funcionarán para liberar su cuerpo en cada área. El *resultado* y fruto de que su cuerpo sea liberado se ven cuando los mismos deseos, lujurias, dolores y enfermedades no le tientan y dañan como antes lo hacían.

## ¡LIBERTAD ABUNDANTE PARA USTED EN SU VICTORIA PERSONAL!

Al igual que la maravillosa mujer que mencioné antes que fue liberada, usted también puede caminar en el poder de Dios en su propia vida de esa manera. Mis grandes victorias las he experimentado privadamente usando mi propia unción interior día a día. Esta es la liberación que perdura cuando uno aprende a vivir en ella. No es sólo intentarlo con más empeño o vivir lo mejor que sepa, con toda la importancia que esto tiene. Es tomar las cosas del Espíritu dentro de usted y trabajar y usarlas para erradicar la esclavitud y la enfermedad con el poder sobrenatural. Estas cosas en usted del Espíritu Santo son poderosas para corregir el problema si se utilizan. No tiene que hacer que funcionen, pues harán el trabajo si les permite funcionar haciendo las cosas que las liberan. Por ejemplo, si quiere lavar el lavabo, es tan simple como abrir el grifo. No tiene que intentar hacerle funcionar; tan sólo abre el grifo y deja que el agua fluya y haga el resto. La mayoría de la gente intenta lavar su lavabo espiritual consiguiendo agua del cubo de otra persona todo el tiempo, o intentan algún otro método para limpiar la suciedad. Tan sólo abra el grifo del poder de Dios. Puede que tarde algún tiempo en hacer la limpieza, pero no abandone; ¡mantenga el agua fluyendo! Funcionará con cualquier área en la que esté intentando luchar por conseguir la victoria. Ese poder libertador lavará cualquier enfermedad. Si quiere ser libre, ser sanado y recibir su herencia de bendición, deje que la unción fluya desde su interior. No se preocupe por cómo serán los resultados el primer día. Tan sólo mantenga el poder obrando, y finalmente verá cómo cada mota de polvo de las tinieblas desaparece.

La coherencia creará un ímpetu y una atmósfera en los que el poder de Dios puede edificar. Permitiendo que la unción de Dios permanezca inactiva, puede que se pierda lo mejor que Dios tiene para usted y se vea aceptando la segunda opción, o siempre teniendo que depender de otros para que le ayuden a salir de sus problemas.

Si el apóstol Pablo pudo obtenerlo, si la mujer con el trastorno bipolar pudo tenerlo, y si la Iglesia primitiva pudo disfrutarlo, ¡entonces usted también puede! Del pozo de la unción interior puede vivir liberado de formas en las que nunca había soñado.

Tómelo de un hombre que sabía. Pablo dijo en Efesios 3:20: "Y a Aquel que es poderoso para hacer todas las cosas mucho más abundantemente de lo que pedimos o entendemos, *según el poder que actúa en nosotros*" (énfasis añadido). Él entendió que si había de escapar del poder de los demonios, iba a tener que obrar con la gracia que Dios puso en él a través de la persona del

Espíritu Santo. Iba a tener que usar las poderosas herramientas depositadas en él. Dios quiere que usted sea libre de la misma manera, y tiene la provisión necesaria para que lo haga. Su poder en usted hará más de lo que se imagina. Conocerá las victorias más grandes y duraderas cuando use el poder sobrenatural del pozo de su espíritu para liberarse por usted mismo.

## Capítulo Cuatro

# SU PROVISIÓN SOBRENATURAL

FUE EN MEDIO del calor del día, ese tipo de calor cuando se siente tan seca la boca que es difícil tragar. Tan sólo un pequeño trago, un sorbo de agua fría, era lo único que Él buscaba, ¿o estaba buscando algo más? Viajando por Samaria, llegó al pozo de Jacob. No era cualquier pozo, sino uno específicamente situado en una tierra que Jacob recibió de su padre Isaac. Tras una larga mañana de viaje, Jesús caminaba por Samaria para conseguir un trago de agua porque estaba cansado del viaje. Estaba solo porque los discípulos habían ido a comprar algo de comida. Buscando agua, se sentó en el pozo de Jacob.

Entonces ella llegó al pozo, la mujer samaritana. En aquellos tiempos, los judíos consideraban a los samaritanos la clase racial más baja. Los samaritanos eran en parte judíos y en parte gentiles, y los judíos no se trataban con ellos. Así que ahí estaba Jesús, un judío, y esta mujer samaritana en el pozo. Era obvio que ella había pasado mucho en su vida. Tenía ese aspecto de alguien que había sufrido el dolor del rechazo continuo al intentar encontrar amor. Como siempre, llegó a sacar el suministro de agua diaria. No sólo llevaba las tinajas para el agua, sino también las heridas que las cargas de la vida le habían ocasionado. Había intentado todo lo que sabía para sentir la felicidad.

Entonces le vio sentado en el pozo. Inmediatamente, Jesús le pidió un trago de agua para calmar su sed. "¿Qué?" Ella pensó:

"Este hombre es judío ¿Cómo quiere que yo le dé agua?". Era una petición poco normal, así que le repitió sus pensamientos. "Señor, ¿cómo es posible que usted me pida agua? ¡Soy samaritana!" Este hombre de algún modo era diferente, pero ella no sabía del todo qué era. La respuesta que Él le dio tampoco fue una respuesta común, y ella no sabía que no estaba dirigida solamente a ella. Tenía que ver con el río de Dios, no con el agua física del pozo. Se trataba de agua espiritual. Él no sólo fue al pozo de Jacob en busca de un trago, sino que fue para hablarnos sobre un trago espiritual del que podemos depender para que sea nuestra fuente de suministro diaria.

## EL FINAL DE USTED MISMO

Esta historia, a la que a menudo nos referimos como "la mujer del pozo", se encuentra en Juan 4:6-30. No fue un accidente que Jesús escogiera este pozo antes que los otros que había disponibles. De todos los lugares donde se podía haber detenido a beber, lo hizo ahí, en el pozo de Jacob. ¿Quién era Jacob? Recuerde que era un tipo del Espíritu Santo. Jesús escogió este pozo en particular porque iba a dibujar un cuadro de la venida del Espíritu Santo y su fluir de poder interior. En este día, comenzó a contárselo a la mujer samaritana.

Todo ocurrió sobre la hora sexta del día, una hora muy profética. Jesús nunca hace nada por accidente; llegó en el momento exacto. La hora sexta era tan importante porque el seis es el número del hombre. Durante la creación, el sexto día fue el día en que el hombre fue creado. El seis representa los métodos del hombre, los ideales del hombre y la sabiduría natural del hombre. La hora sexta era alrededor del mediodía; era cuando más calor hace en el día. Jesús quiso visitar a propósito el pozo de Jacob durante una hora del día que representaba los propios esfuerzos del hombre, los cuales producen pocos resultados y nos dejan sedientos y secos en el calor de la vida.

Esta mujer llegó durante el calor del día, llevando su propio conjunto de pruebas. Había estado casada cinco veces, y ahora estaba viviendo con un hombre con el que no estaba casada. En su hora *sexta* y su *sexta* relación, había llegado al final de la esperanza humana. No cabe duda de que estaba al final de su propia cuerda, de su propio esfuerzo por sentirse realizada. Nada le había funcionado hasta ahora.

Al llegar al final de nuestra propia cuerda es cuando nos damos cuenta de que las cosas de las que hemos dependido nos dejan sin ninguna satisfacción o respuesta. Ya sea en las relaciones, la salud física, la planificación económica u otras cosas personales, finalmente llegaremos al límite. No podemos hacerlo a nuestra manera, porque al igual que esta mujer de Samaria, nuestra manera fallará. Finalmente veremos que estamos donde comenzamos, sólo que esta vez con una lista más grande de frustraciones, heridas y decepciones. Lo mejor es llegar al límite de usted mismo para poder comenzar a recibir una nueva fuente de satisfacción y apoyo del Señor. Es más que tan sólo saber que Dios está ahí para ayudarle e intentar permitir que ese concepto le haga sentir mejor. Es depender de una fuente activa de poder del Espíritu de Dios moviéndose en su propio beneficio y cambiando las circunstancias. La única manera fiable es a través del suministro continuo del Espíritu.

## DÉ AL SEÑOR UN TRAGO DE SU POZO

Jesús le enseñó a esta mujer de una manera creativa cómo el suministro del Espíritu es mucho mejor que nuestros propios esfuerzos naturales. En Juan 4:7, le pidió que le diera un trago de agua. Ella era samaritana, y no sólo sentía que era socialmente inaceptable darle agua, sino que casi parece que respondió de broma, diciendo: "Señor, ¿cómo es que me está pidiendo agua? ¡Vamos hombre, usted sabe que los judíos no se llevan bien con los samaritanos! ¡No es posible que yo le dé agua!". Pero la respuesta de Jesús en el versículo 10 es sorprendente. Es casi como si Él estuviera esperando que ella dijera eso, y dijo: "Si conocieras el *don* de Dios...". En otras palabras, Él dijo: "Mujer, si entendieras lo que está a punto de estar disponible y lo que voy a posibilitar para ti, entonces tú me rogarías que te diera agua. Cuando pruebes el agua espiritual, *tú misma* podrías suplir fácilmente cualquier necesidad de algo o de alguien que te pidiera ese tipo de suministro. El agua que voy a dar proveerá todo. Responderá a cada problema, y puedes usarla para ayudarte no sólo a ti, sino también a otros".

Él le estaba presentando una fuente que supliría todas sus necesidades, tanto físicas como espirituales. Estaba diciendo lo mismo que Pedro le ofreció más tarde a la gente en Hechos 2:38: "...y recibiréis el *don* del Espíritu Santo" (énfasis añadido).

Jesús le pidió deliberadamente a la *mujer* que le diera agua, sabiendo que, como samaritana, ella cuestionaría su posibilidad de hacerlo. Él utilizó su sentimiento de no sentirse la más apropiada para mostrarle una verdad espiritual. Él quería que viera que en la condición presente que ella tenía no podía suplir la necesidad. Es aquí donde se encuentran muchas personas, incluso cristianos. Estamos intentando proveer para nuestras necesidades sin el poder del agua viva. De repente, Jesús le ayudó a darse cuenta de que el don de Dios podía cambiar todo eso. Podía cambiar completamente su propia persona y llevarla de la carencia en todo a ser capaz de estar suplida. Podía llenar su vida y cambiar sus circunstancias presentes. El Señor quería que ella viera el poder del agua viva para que viera inmediatamente que su propia capacidad no podía aliviar el calor de la hora sexta. Ella hizo exactamente lo que Jesús estaba buscando: vio que no podía suplir la necesidad, así que en el versículo 15 dice enfáticamente: "Señor, dame de esa agua". ¡Ella sabía que necesitaba una nueva fuente! Como todos nosotros, tuvo que llegar hasta el final de ella misma y extraer del poder del agua viva. Hoy, debido al bautismo del Espíritu Santo, usted y yo tenemos esa fuente de suministro. Tenemos que mirar al Espíritu Santo en nuestro interior y extraer de Él.

¿Dónde está usted buscando su ayuda en medio de su hora sexta? ¿Está sacando de su pozo interior? ¿Está dispuesto a darle al Señor un trago de su pozo? Puede mirar en su interior y sacar las respuestas para tratar el calor de su hora sexta. El Señor quiere que extraiga de su pozo de agua viva y que le dé a Él un trago. Él quiere que saque de las reservas que tiene en su interior.

## La visión de las heridas

Claro, cuando usted se encuentra en medio de las pruebas de la hora sexta, todo a su alrededor intenta hacer que se siga sintiendo inseguro sobre depender de la unción y sacar de ella. Hay informes médicos, informes en las noticias, informes económicos y mucho más, todos ellos diciendo cosas distintas. A veces pintan un cuadro desalentador del mañana, haciendo que usted se vuelva frenético con lo que hace.

Hace años, tuvimos una situación en la que mi padre estaba en coma. El doctor pensaba que eran sus últimos días. Sufrió un ataque séptico y un fallo renal tan graves que los doctores no conocían a nadie que hubiera sobrevivido a una experiencia tan terrible. Llevaba en esa condición casi un mes. Como familia, estábamos sacando de nuestro pozo de todas las formas que conocíamos. Orábamos, declarábamos la Palabra de Dios, y defendíamos nuestro territorio. El Espíritu del Señor fue fiel en proveer a cada uno palabras únicas y especiales a las que nos aferrábamos. Cada uno tenía versículos diferentes que eran nuestra palabra *rhema* del Señor.

Sin embargo, yo tuve una experiencia que asentó la respuesta para mí. Recuerdo específicamente orar una noche, diciendo: "Señor, he orado y confiado en tu Palabra. Te he pedido que permitas que mi padre siga viviendo ¡Necesito que tu poder actúe ahora!". Comencé a orar en susurros en el Espíritu y luego cerré mis ojos para dormirme. Mientras oraba en lenguas, puse mi enfoque en el Espíritu Santo y su poder. Realmente estaba intentando alejar mis pensamientos del caos de temor que intentaba intimidarnos a todos cada día. Exhausta, me tumbé mientras las palabras del Espíritu salían de mi boca. No quería leer otro versículo, sino tan sólo que el Espíritu Santo supiera que le necesitaba, porque ninguno de nosotros podíamos hacer eso en nuestras propias fuerzas. Recuerdo que estaba cansada, dando cabezadas de sueño, y luego vi a Jesús.

Él entró en la tenuemente iluminada habitación del hospital con máquinas por todos lados. No puedo decirle si llegué a verle con mis ojos físicos o si tuve un sueño; ¡era muy real! Sin embargo, cuando ocurrió estaba originalmente en la habitación de mi hotel y luego en la habitación del hospital en ese momento. Jesús caminó hasta la mesa portátil del paciente que normalmente se usa para comer, sobre la cual estaban todos los informes médicos de mi padre. El Señor sabía que yo le estaba viendo desde el otro extremo de la habitación al otro lado de la cama de mi padre. Los informes estaban metidos en un libro médico lleno de informes. También había otras carpetas y papeles; la mesa estaba llena de esos informes. Jesús caminó directamente hacia ellos y los miró. Llevaba una larga túnica blanca atada a la altura de su cintura y rodeándole el pecho. Estaba sujeta a los dos hombros con algo que parecía como unos clips dorados.

De pie enfrente de la bandeja de los papeles médicos, se giró lentamente dándole así la espalda directamente a la mesa. Dos ángeles se acercaron y tomaron los dos clips dorados de cada hombro, y cuando lo hicieron, los clips se soltaron y la túnica que llevaba alrededor ahora estaba sólo alrededor de su cintura y colgaba hasta el piso. Toda su espalda quedó al desnudo, y pude ver que estaba cubierta de cicatrices. Él volvió a mirar de reojo a los informes médicos con su espalda directamente hacia ellos. Yo sabía lo que estaba haciendo. Me estaba mostrando que sus heridas pagaron las enfermedades que había escritas en esos informes. Su espalda estaba mirándolos según Isaías 53:5: "Mas él herido fue por nuestras rebeliones, molido por nuestros pecados; el castigo de nuestra paz fue sobre él, y por su llaga fuimos nosotros curados".

Jesús quería que yo supiera que Él recibió esas heridas para que mi padre pudiera ser curado. Me di cuenta de que no era lo mucho que todos nosotros intentáramos hacer que ocurriera la sanidad de papá, sino que tan sólo teníamos que confiar en la unción y en que ya estaba obrando. Poco después, entre muchos otros testimonio que muchos de los miembros de mi familia experimentaron, mi papá comenzó a ponerse mejor. En menos de un mes estaba despierto, ¡y comiendo pizza y helados! A día de hoy no tiene ninguno de los efectos de la enfermedad que los doctores dijeron que tendría si llegara a salir con vida. La visión de las heridas fue el punto de inflexión personal para mí. Fue el momento en que finalmente tuve la certeza de que el trabajo estaba hecho, no basado en los informes médicos, sino basado en el hecho de que Dios me recordó en esa visión que su poder estaba actuando. Hasta ese punto, junto con mi familia yo había orado, profetizado y creído una respuesta, pero esa experiencia fue diferente. Creo que la diferencia de ese día estuvo en que finalmente llegué al final de mí misma y confié en el poder de Dios. Decidí confiar en que el poder sobrenatural de Dios estaba obrando independientemente de lo que parecía. Estoy convencida de que, de algún modo, en ese momento mi pozo de suministro de Jacob tomó las riendas. En vez de intentar hacer que el poder funcionara, finalmente confié en que ya *estaba* funcionando. Me gustaría poder dar un principio exacto para ayudarle a alcanzar ese punto en sus propias pruebas, pero no puedo hacerlo exactamente. Cómo caminar en lo sobrenatural no siempre se puede explicar, porque no es algo natural. Lo que le aporte su experiencia con el pozo del Espíritu puede que sea diferente de lo que a mí me aporta. Debe ser así, porque el Espíritu del Señor hace fluir el agua de manera única sobre usted de una forma que es especial para su situación. ¡Por eso sacar de su propio pozo es vital! Tiene que caer en el río orando en el Espíritu, entregándose por completo al Señor, y luego dejando que la corriente de unción le lleve. No siempre sabe hacia dónde le lleva, pero siempre será lo que usted necesita. Terminará la lucha por usted.

## La experiencia de "No tener sed jamás"

Sabrá que el agua viva le ha lavado cuando tenga lo que yo llamo una experiencia de "no tener sed jamás". De nuevo, en Juan 4:13-14, mientras Jesús hablaba con la mujer samaritana, dijo: "Cualquiera que bebiere de esta agua, volverá a tener sed; mas el que bebiere del agua que yo le daré, no tendrá sed jamás; sino que el agua que yo le daré será *en él* una fuente de agua que salte para vida eterna" (énfasis añadido). Estaba diciendo que el plan de Dios es que cada persona llegue a un punto donde esté totalmente satisfecha y sienta que su sed por Dios o su necesidad de que Él haga algo está satisfecha. Su sed de que Dios responda sus oraciones está satisfecha independientemente de lo que ocurra. La satisfacción en la vida es algo más que sólo la plenitud que usted recibió cuando fue salvo y lleno del Espíritu. Es algo que Dios quiere que experimente en cada situación. Significa que no trata con las circunstancias diarias preguntándose si Dios se habrá olvidado de usted. Muchos cristianos se sienten así, razón por la cual buscan desesperadamente respuestas de cualquier fuente que encuentren, muchas de las cuales no incluyen a Dios en absoluto. A veces estamos preocupados de que Dios no venga a nuestro encuentro, así que creamos un plan alternativo por si acaso. Dios quiere que usted llegue a un punto en el que confíe tanto en su suministro de agua viva que *no tenga sed jamás*.

Cada situación en su vida requiere una experiencia de no tener sed jamás. Cuando mi padre estaba en coma, yo tuve que llegar a un punto donde dejé de intentar encontrar alivio, donde no seguía intentando buscar mi milagro. Algo cambió tras esa visión, y me sentí satisfecha de que el milagro ya estaba manifestándose. Fue un momento sobrenatural en el que recibí el trago de agua viva que necesitaba. Una vez que el agua viva fluye por usted, ya no buscará un trago para aliviar la sed en la situación que está viviendo. Ya no necesita buscar respuestas; ya no hay temor, y deja de sentirse ansioso.

Una experiencia de no tener sed jamás es sobrenatural, porque el agua sale directamente del fluir del Espíritu Santo. El Espíritu de Dios es sobrenatural, y cuando se mueve sobre usted, su poder está clarísimo. Para explicar esto a la mujer en el pozo, Jesús demostró sobrenaturalmente una experiencia de no tener sed jamás. Lo demostró a través de lo sobrenatural, porque esta experiencia de satisfacción es siempre sobrenatural. Usted no siempre puede describirlo o ni tan siquiera explicarlo, pero sabe que es de Dios.

En los versículos 16-19, Jesús le dijo a la mujer que llamara a su marido, sabiendo que estaba viviendo con un hombre fuera del matrimonio. Avergonzada, ella confesó que no estaba casada, y fue entonces cuando Jesús demostró lo sobrenatural, diciendo: "Has dicho la verdad. Sé que has tenido cinco maridos y que esta es tu sexta relación". Sorprendida, la mujer se dio cuenta de que había conocido a un hombre de Dios; vio lo sobrenatural obrando delante de sus mismos ojos. Inmediatamente reconoció el poder de Jesús y dirigió su atención hacia el monte sobre el que estaba. Al crecer en esa región, sabía que Jerusalén era el lugar respetado de adoración, y probablemente esperaba que Jesús fuera como otros líderes y la dirigiera ahí. Probablemente se sorprendió de que algo increíble pudiera ocurrir en la montaña equivocada, aquella donde ellos se encontraban en esos instantes. El poder de Dios estaba actuando justamente donde ella estaba; no tenía que ir a ningún otro lugar para encontrarlo. Recibió una experiencia de no tener sed jamás ahí mismo donde estaba, en su hora sexta.

El plan de Dios es que usted reciba su respuesta, independientemente de donde se encuentre en este momento. No tiene que manifestarse cuando tenga el humor correcto o durante un servicio de alabanza y adoración. Él ha demostrado que manifestará el poder de su Espíritu en el lugar probablemente menos indicado y en el momento más inesperado si usted espera que su poder funcione ahí. Lo único que Él quiere es que usted mire en su interior a la fuente de su maravilloso Espíritu Santo, que está presente en su "montaña" actual. Cuando mire a su pozo de agua viva, experimentará su experiencia sobrenatural de no tener sed jamás, ¡independientemente de dónde esté y lo que esté pasando! ¡Dios está a punto de manifestar un milagro en su hora sexta!

## "Yo soy tu salario suficiente"

Hace algún tiempo, estábamos trabajando para extender nuestro ministerio tanto espiritual como físicamente. Como hacen la mayoría de los ministerios, uno se da cuenta de que viene un tiempo en el que tiene que desarrollar una nueva manera de trabajar. Lo que funcionó el año pasado no va a funcionar este año. Dios comenzó a abrir muchas puertas que confirmaban que ese debía ser nuestro enfoque. De repente, en medio de nuestra visión renovada, también comprendimos que lo mínimo que uno quiere hacer cuesta mucho dinero. ¡Todo es caro! Teníamos que cambiar nuestra imprenta, nuestros métodos de viaje tenían que cambiar, había que comprar equipo nuevo, y más. Se iba a necesitar más gente y una nueva manera de pensar. Ya no podíamos tener una mentalidad de "trabajo familiar". De repente, había más ministerio que hacer que el dinero que teníamos para pagarlo.

Hicimos todo lo necesario para que ocurriera, incluyendo una ampliación del edificio de nuestra iglesia. Adquirimos un edificio adicional para remodelar de tres mil metros cuadrados. La nueva adquisición también nos hizo tener que reconstruir parte de nuestro actual espacio. Fue una ampliación más grande de la que nunca antes habíamos llevado a cabo. Comenzamos a buscar fondos y recibimos ofrendas para el proyecto. Dios suplió de manera sobrenatural, pero pronto en el proyecto reconocimos que iba a haber más gastos de lo previsto. Muchas iglesias se encuentran en esta situación, y necesitan que el cuerpo de creyentes sea positivo en su apoyo tanto en fe como económicamente. Uno no siempre puede anticipar los gastos que llegan con lo inesperado. Nos vimos en medio de lo inesperado, y Dios nos estaba haciendo crecer.

Una mañana yo estaba orando y hablando con el Señor sobre nuestro siguiente paso en el proyecto de expansión y sobre la provisión económica para llevarlo a cabo. Sabía que íbamos a necesitar más dinero, así que mentalmente estaba sintiendo algo de presión. Mis oraciones eran las normales de una persona que le pide al Señor que supla una necesidad en particular. Le dije: "Señor, gracias que tú proveerás todo lo que necesitamos para pagar este proyecto". También le pedí que nos diera la sabiduría con relación a cada plan y paso para que pudiéramos tomar las decisiones correctas. Cuando me acercaba al final de mi oración, oí la voz del Espíritu Santo hablándome. Dijo estas palabras con mucha claridad: "Yo soy tu salario suficiente y abundante".

Inmediatamente reconocí que esas palabras eran las que el Señor le dijo a Abram en Génesis 15:1, cuando dijo: "Abram; yo soy tu escudo, y tu galardón será sobremanera grande". Yo ya sabía que ese versículo hablaba sobre salarios, porque en hebreo eso es lo que significa la palabra recompensa. Dios le dijo que Él sería su fuente de total abundancia.

Dios estaba intentando decirme esa mañana que no me preocupara, que su deseo era cuidar de cada necesidad que teníamos para terminar nuestra visión ministerial. ¿Sabe que terminamos airosos ese proyecto y todas las necesidades fueron cubiertas? Dios suplió todo lo que necesitábamos. Creo que una parte de eso fue debido a que el Señor me dio esa palabra sobre la provisión después de sacar de la unción de Dios en mi interior. Eso era lo que yo necesitaba para renovar mi fe, y además de los muchos que oraron, eso nos catapultó a la provisión sobrenatural para el proyecto.

Después, durante la misma mañana de oración, el Señor también me dijo: "Yo soy la fuente completa de suministro para las personas, y quiero que les digas cada día cómo yo supliré para ellos, como lo hice hoy contigo". Recibí la revelación de que Dios era mi proveedor y que Él deseaba hablarlo conmigo de forma regular. De hecho, fue de esa experiencia en la mañana temprano, otra experiencia del tipo de no tener sed jamás, que desarrollé una página web (www.ovm.org) llamada "La profecía diaria". Quiero ayudar a la gente a oír cómo Dios les habla cada día sobre su vida y circunstancias para que puedan estar seguros de que Él cuidará de ellos. ¡Todos necesitamos una palabra diaria del Espíritu Santo! Si escucha usted en su corazón, ¡Él está ahí hablando! Él le dará la palabra correcta para sintonizar con el poder sobrenatural de Dios. Ese día, el Señor me ayudó a entender que Él está ahí para hablar a su espíritu de forma privada. Su fluir y suministro brotará de su interior y le hablará si está usted escuchando, incluso cuando nadie más esté ahí para ayudarle.

Tras esa mañana cuando oí al Señor hablarme sobre ser mi total proveedor, entendí más el poder dentro de mí. Tenía que ver con mi capacidad para oír su voz. Él está ahí hablando siempre; sin embargo, lo más importante que descubrí fue el entorno que hizo que su voz viniera a mí en un tono tan alto. Su voz vino a mí en medio de la oración, pero no de cualquier oración. Fue al terminar de orar en el Espíritu. Del entorno de las lenguas vino su voz. He descubierto que cuanto más oro en el Espíritu, más oigo a Dios y más experimento lo sobrenatural.

## LENGUAS: EL SUMINISTRO DEL RÍO

En cierta ocasión, mientras me preparaba para ministrar en una reunión en Centroamérica, el Espíritu Santo me dijo que hiciera algo diferente durante mi tiempo de preparación. Normalmente estudio, escucho al Señor para esa reunión y oro tanto en el Espíritu como en inglés. Esta vez el Señor me dijo que "predicara mi reunión en lenguas". Yo sabía lo que quería decir con eso, así que comencé a dar paseos y a imaginar la reunión aunque nunca antes había estado en ese lugar. Pasé dos horas "ministrando" a las multitudes en otras lenguas durante mi tiempo a solas recluida en mi propio cuarto. Caminaba como si estuviera entre la gente herida y necesitada en la reunión. El poder de Dios crecía según yo "predicaba" en lenguas. Discipliné mi mente para pensar sólo en la reunión.

Cuando finalmente llegué a la reunión, Dios se movió de una forma poderosa y única. Mi predicación se sintió más consistente, y la gente fue tocada, liberada y sanada. Mi pasión es que la gente siempre salga de una reunión con un fruto duradero y un cambio permanente en sus vidas, porque sé lo que se siente al ir a un servicio que cambie tu vida de una manera real.

Después, en mi tiempo de oración con Dios, le dije al Señor que estaba muy agradecida por la manera en que Él tocó a la gente, pero también por cómo su Espíritu me había tocado a mí durante el servicio. Los milagros de Dios ocurrieron de una forma nueva tras esa reunión, porque obedecí al Señor llevando la reunión primero en el Espíritu. Hubo un nuevo fluir que vino primero de trabajar la tierra en otras lenguas. Orar en lenguas es como el agujero que se hace antes de edificar los edificios. Es el fundamento creado antes de los resultados. Es la entrada al poder sobrenatural de Dios.

Yo siempre había orado en lenguas antes de eso, pero nunca lo había usado como una herramienta de "excavación" para preparar el terreno delante de mí de esa manera. Comencé a hacer esto en otras reuniones y cosas que el Señor quería que hiciera, y vi resultados similares. Ahora veo la oración en el Espíritu de la misma manera que se puede ver algún lugar en la Internet por medio de la realidad virtual. A través de la computadora, a veces se puede ver y "tocar" un lugar que planea visitar antes de ir. Así es como el Señor pretende que funcione la oración en lenguas. Como la oración en lenguas es una manera en que usted hace que el río de su pozo espiritual fluya, puede verlo como los ríos que se abren paso a través de la roca y formaron lugares como el Gran Cañón e incluso el poder de las cataratas del Niágara. La fuerza del agua creó un camino, un escenario único y especial que atrae a la gente hacia él.

En una ocasión en que estaba predicando mi esposo, relató que se acordaba que una vez tuvo una gran semana. Todo parecía ir fantásticamente, y estaba experimentando muchas victorias personales. Se tomó un momento para darle gracias a Dios por ello, y oyó al Señor que le decía: "Hank, ¿te has dado cuenta de cuánto tiempo has estado orando en el Espíritu? ¿Sabes que realmente forjaste las cosas que estás experimentando esta semana al hacerlo?". Me encanta esa historia porque me recuerda cuántas cosas podemos echar a andar cuando oramos en el Espíritu.

Por esta razón, podemos ver por qué Pablo dijo en 1 Corintios 14:18: "Doy gracias a Dios que hablo en lenguas más que todos vosotros". Estaba expresando su apreciación de haber desarrollado un estilo de vida de oración en el Espíritu. Quizá fue la razón por la que este apóstol escribió la mayoría del Nuevo Testamento y, según 2 Corintios 11:28, pudo supervisar poderosamente la mayoría de las primeras iglesias que se establecieron.

También pudo haber desempeñado un importante papel en el hecho de saber cómo vencer a los espíritus malignos. Este apóstol fue el que se enfrentó al espíritu de pitón en Hechos 16:18, que provocó que la ciudad entera se alborotara. Vivió en peligro cada día de su ministerio. También estaba en una constante confrontación con los líderes religiosos de su día. Aunque su referencia a las lenguas en 1 Corintios 14:18 giraba en torno a su uso en la asamblea pública, debió de haberlo visto como una fuente privada de poder de la que valía la pena hablar. No hubiera tenido necesidad de mencionarlo de no haber sido algo clave en su vida personal y en su éxito ministerial para vencer los poderes de las tinieblas. Tenía una razón para estar agradecido por ello.

Orar en el Espíritu es la forma principal de hacer que el río de poder fluya de su espíritu. Por eso fue la *primera* manifestación del Espíritu Santo que salió de la gente en Hechos capítulo 2. Ellos comenzaron en poder orando en otras lenguas. ¡No es de extrañar que el diablo intentara con tanto empeño impedir que la iglesia lo usara! Había usado gente religiosa que lo tacharía de "galimatías". Otros creen que debería ser simplemente una experiencia ocasional. Además, encontramos gente llena del Espíritu que se ha olvidado del poder de este fluir del Espíritu. Lo tienen, pero no lo usan. Muchos creyentes llenos del Espíritu han tratado su énfasis como un "mover" del pasado y no oran en el Espíritu como antes lo hacían. También tenemos ministros que tienen temor de que orar en lenguas como grupo, como hicieron en Hechos 2, pueda asustar a los visitantes. Afortunadamente, uno no encuentra esa manera de pensar en la Biblia. Como dije antes, el Espíritu del Señor no estaba preocupado por los que estaban de visita en el día de Pentecostés.

Los espíritus demoníacos han intentado muchas maneras, como estas que he mencionado, de impedir que la iglesia ore en lenguas, pero es el poder esencial que abre el fluir de la unción del Espíritu Santo. En Hechos 8, Simón el mago debió de haber reconocido alguna forma de poder cuando la gente fue llena del Espíritu en Samaria, ¡porque estuvo dispuesto a pagar dinero por ello! Quería tenerlo él mismo porque *vio* que algo (v. 18) había ocurrido. Había alguna señal que vino con el Espíritu Santo que él sabía que era poder espiritual. Dese cuenta de que este hombre era un mago. Él sabía ver y reconocer el poder espiritual. Siendo fiel a la coherencia del Nuevo Testamento de otros relatos de personas que recibieron el Espíritu Santo, estoy convencida de que el poder que él vio fue a la gente orando en lenguas. Cuando lo vio, lo quería con tanto empeño que estuvo dispuesto a pagar dinero por tenerlo. Creo que es algo terrible que los brujos estén dispuestos a pagar dinero por ello y que los cristianos intenten esconderlo. Necesitamos una revelación renovada del poder que tenemos a través de las oraciones en lenguas.

## DIVERSIDAD DE LENGUAS

En la iglesia que mi marido y yo pastoreamos, cultivamos un entorno de lenguas. Animamos a orar en lenguas durante casi todas las reuniones de oración como cuerpo. Durante los servicios regulares, dejamos vía libre para que el Espíritu Santo opere en lenguas e interpretación, y todos nuestros mensajes públicos hacia la gente en lenguas son interpretados, como la Biblia nos enseña. Ocasionalmente, en un servicio normal, tenemos momentos de oración corporativa en lenguas por cosas especiales según nos guía el Espíritu. Sin embargo, tenemos reuniones específicas de oración sólo en lenguas. No se da ningún mensaje público, sólo toda la gente orando a Dios en una gran sala, no muy diferente de cómo la gente podría estar orando y alabando juntos en inglés. Durante esos tiempos de oración, no tenemos restricciones sobre orar en el Espíritu.

Como dije anteriormente, forjamos nuevos terrenos en lenguas. Le enseñamos a la gente cómo resistir en ese tipo de oración haciendo de algunas de nuestras reuniones de oración una sesión de entrenamiento para toda la iglesia. No sólo entrenamos a los intercesores, sino que enseñamos a la gente. Comenzamos con veinte minutos y luego aumentamos a veinticinco, y así. A muchos grupos les resulta difícil tener oración corporativa en lenguas de cualquier duración porque se corre el riesgo de perder a algunas personas por las distracciones o el aburrimiento; sin embargo, nosotros regularmente tenemos periodos prolongados de oración en el Espíritu durante nuestras reuniones de oración para ayudar a las personas a crecer más allá de eso. Ahora bien, si usted le pide a *nuestra* congregación que ore en el Espíritu, ¡será mejor que se agarre fuerte! Ellos saben cómo hacer que tiemble el edificio. Quizá eso es lo que ocurrió en Hechos 4:31, cuando el edificio tembló cuando los discípulos y la gente oraron. Comenzó a temblar cuando oraron en lenguas, pero luego tembló bajo el poder sobrenatural de Dios. No sabemos cómo fue exactamente, pero sabemos que su intensa oración hizo que algo ocurriera.

A veces hemos experimentado orar en el Espíritu cuando es tan extraño que casi sueña raro a los propios oídos. Si usted no tuviera un sentimiento espiritual de usted mismo, pensaría que algo muy raro está pasando. Sin embargo, he aprendido a liberarme en territorio desconocido en el Espíritu Santo. El problema es que muchas personas tienen miedo de entrar en nuevas olas y nuevo territorio por temor de caer en algo falso. Jesús trata este problema en Lucas 11, cuando enseñó sobre la oración. En los versículos 10-13 nos asegura que cuando estamos "pidiendo" el Espíritu Santo, o entrando en el Espíritu, podemos estar seguros de que no caeremos en algo equivocado. Ahora bien, eso no significa que no podamos cometer errores o a veces meter la pata. Lo que quiere decir es que podemos confiar en que, cuando oramos en el Espíritu, no nos encontraremos pasando a un espíritu equivocado. Los espíritus erróneos se encuentran principalmente trabajando en tres entornos principales.

- *Aislamiento.* A los espíritus falsos y malvados les encanta aislar a individuos, ministros e iglesias donde no haya relaciones de apoyo externas ni dónde rendir cuentas. Usted puede estar solo sin llegar a aislarse, pero cuando desarrolla una actitud en la que no necesita a nadie o en la que no se identifica con nadie, corre el riesgo de entrar en una trinchera espiritual. El endemoniado gadareno estaba aislado cuando estaba atado por demonios (Marcos 5).
- *Falsa doctrina.* El apóstol Pedro hablaba a menudo sobre los que promovían la falsa doctrina. De hecho, el Nuevo Testamento nos advierte más sobre las falsas doctrinas que sobre los falsos profetas. Si usted se encuentra en una iglesia que tiene una buena doctrina básica y está conectado con creyentes que están en el fluir de Dios acorde a la Biblia, mantendrá la precisión en el espíritu de oración tanto en privado como en reuniones de oración.

- *Orgullo.* Siempre que el motivo sea exaltarse a uno mismo o el ministerio, finalmente el enemigo encontrará una puerta para entrar donde usted está operando en el Espíritu o tan sólo trabajando en lo natural. El orgullo es la principal herramienta de la esfera demoníaca que precipita la caída en picado humana en cada esfera. Si quiere que le vean por su espiritualidad o sus grandes logros ministeriales y talento, podría terminar entrando en áreas que le llevarán a un espíritu de error.

Si nos proponemos estar conectados con otros cristianos a través de la iglesia y las relaciones, conseguiremos no ser vulnerables a los demonios. Después, asistiendo a una buena iglesia donde se predique una sana doctrina y se permita que la unción le mantenga enfocado, verá que sus oraciones serán acertadas. Eso no significa que no vayamos a cometer errores, sino que, en general, seremos fiables a la hora de abordar las cosas espirituales. Entonces, si nos mantenemos libres de orgullo, podemos confiar en que Dios nos usará de manera precisa en el Espíritu.

Preocúpese menos por "desviarse" y más por entrar en el río del Espíritu. Por eso, muchos creyentes se quedan en la orilla y nunca disfrutan da nada fresco del Espíritu Santo, al pensar que hay sólo una manera de hacer las cosas y que es la manera a la que han estado acostumbrados durante años. Suponemos que si no lo aprendimos en nuestro "campamento" entonces no es de Dios, acostumbrándonos así a un estilo de oración, canto e incluso predicación, pero hay muchos ríos en Dios.

Mi esposo predicó sobre una experiencia poderosa que tuvo una vez con el Señor, donde éste le dijo: "Para Moisés yo fui la zarza ardiente, para Josué el capitán de los ejércitos, y para Ezequiel fui la rueda dentro de la rueda. ¿Quién tenía razón?". Claro, la respuesta de mi marido fue: "Señor, ¡todos la tenían!".

Y es cierto. ¡Todos la tenían! Dios se manifiesta de muchas maneras, y hemos de aprender a fluir con muchas expresiones y confiar en que, si estamos cerca de Él, no nos desviaremos. Dios es un gran Dios, y sólo porque algo no le resulte familiar, no significa que no sea del cielo. Ábrase al Espíritu Santo, y Él le guiará correctamente.

Aprenda los aspectos genuinos de la esfera sobrenatural forjando primero un nuevo territorio en lenguas. Permita que el fluir del Espíritu profundice en usted a través de la práctica. Yo me entreno a mí misma para "apagar" mis propios oídos cuando oro en el Espíritu. Intento enfocarme menos en lo alto o bajo que hablo, y tan sólo dejo que el río fluya. Por supuesto, a veces estará usted en lugares donde no puede hacer mucho ruido, pero la clave está en dejar que la unción fluya sin restricciones. Durante parte de mi tiempo en lenguas, he oído cómo salían algunas cosas fuertes. Concédase perderse en ello algunas veces apagando lo que le rodea.

La Biblia dice en 1 Corintios 12:10 y 28 que hay *diversos géneros* de lenguas. Hay diferentes sonidos en las lenguas, y no siempre salen de la misma forma. Creo que estas diferentes lenguas son los diferentes "ríos" que fluyen para tratar diferentes cosas en el Espíritu que necesitamos.

Hemos experimentado lenguas para naciones, lenguas únicas cuando oramos por América y otros tipos de lenguas cuando oramos por nuestra ciudad. Una vez estábamos orando juntos durante nuestra reunión de oración de mitad de semana, y todos estaban orando en el Espíritu, enfocando nuestra oración a las naciones. No había una gran cantidad de gente, pero fue un tiempo de oración muy intenso. Hacia el final, mi marido tuvo una visión de un ángel sosteniendo un rollo. Él leyó el rollo, y luego el ángel le dijo: "He venido a favor de Israel". No teníamos ni idea de que estábamos orando por Israel; tan sólo estábamos intentando orar por las naciones en general. Cuando el ángel entró en la habitación, casi todas las personas se cayeron al piso a causa del poder, y permanecieron postrados durante un periodo de tiempo inusualmente largo. Cuando finalmente me levanté, me di cuenta de que mi brazo había estado quieto en la misma posición, con el codo en el piso y mi mano levantada, y yo ni tan siquiera lo noté. Normalmente, no sería capaz de hacer eso, pero algo sobrenatural ocurrió.

Unos pocos días después, Israel salió en las noticias con relación a un gran evento que coincidió con el rollo que vio mi esposo. Nos quedamos impactados, y creo que, debido a nuestras oraciones, el Señor protegió lo que podía haber sido. Hemos de saber que nuestras oraciones son poderosas cuando le cedemos el control al Espíritu Santo.

Durante otra noche de oración, estábamos intercediendo por nuestra ciudad. Oramos en inglés y le pedimos al Señor que la protegiera y bendijera en general. Le pedimos que la bendición del pacto de Dios cayera sobre la ciudad y la protegiera. Luego comenzamos a hablar en otras lenguas. Hubo un sonido inusual de intercesión esa noche, en donde los músicos estaban con sus instrumentos y comenzaron a crear sonidos poco habituales. Nuestras lenguas también tenían muchas expresiones diferentes. Al final de la reunión, terminamos con un tiempo glorioso de alabanza. Luego, poco después del servicio, algunos de la congregación vinieron corriendo del exterior y nos dijeron que acudiésemos a ver algo. Salimos al aparcamiento de nuestro edificio y miramos por encima del tejado, para descubrir un enorme arco iris doble sobre nuestra ciudad y nuestra iglesia. Creo que Dios nos estaba mostrando el impacto de nuestras oraciones a través de la promesa de su pacto. Algo se liberó tras haber orado solamente en lenguas.

Hay cosas que podemos liberar tanto en privado como corporativamente cuando nos entregamos a orar en el Espíritu. Es ahí donde fluye la fuente del río, como ocurrió en el día de Pentecostés. Hay poder en esto, y puede confiar en que le llevará directo a la respuesta que necesita de Dios.

## A Dios le gusta alto

Hemos enseñado este nivel de lenguas a nuestra iglesia; les hemos hecho sacar de lo profundo de su espíritu el orar en lenguas. Queríamos que llegaran a un punto donde el río no se pudiera cruzar, como en Ezequiel 47. Inicialmente, a algunos no les importaba, pues se sentían más cómodos haciendo las oraciones calladas. Gracias a Dios que se quedaron, porque ahora están entre los intercesores más poderosos de nuestra iglesia. La Biblia realmente no nos da preferencias personales en cuanto a la oración o incluso la alabanza y la adoración. No hay un versículo que nos enseñe a adorar a Dios a nuestro propio y cómodo estilo, sino que nos dice cómo le gusta a Dios que se haga, y la Biblia habla más sobre el uso de la voz en alto que callada (véase Éxodo 19:16, 19; Deuteronomio 27:14; 2 Crónicas 5:13-14; 20:19; 30:27; Esdras 3:12; Nehemías 9:4; Salmos 29:7-8; 33:3; 46:6; 47:1; 55:17; 66:8; 68:33; 98:4; 149:3, 6; 150:5; Hechos 2:2; 4:24; 16:25-26; Apocalipsis 5:11).

El Señor no teme el sonido alto cuando es un sonido de justicia; de hecho, si lee bastante acerca de Él, ¡descubrirá que es un Dios ruidoso! Le gustan los instrumentos altos, y cantar alto, y le gusta gritar. Según Isaías 42:10-15, a Dios también le gusta el sonido de un rugido de justicia. Yo he llegado a la conclusión de algo: a Dios no le asusta el ruido, ¡a Dios le gusta que esté alto! Ahora bien, si usted fuera a muchas iglesias, no vería mucho de lo que a Dios le gusta. La gente suele estar callada, muy quieta, y la oración y la alabanza normalmente nunca superan cierto nivel de intensidad. Ahora bien, eso no significa que siempre haya que hacer todo gritando, pero hasta ahora la iglesia ha estado más bien orientada hacia hacer las cosas calladamente más que como a Dios le gustan. Demasiadas iglesias, incluso las iglesias llenas del Espíritu, son demasiado reservadas por temor a no estar en orden; y sí, por supuesto, es necesario un orden, pero nos hemos ido tan lejos hacia el lado opuesto que hemos perdido nuestro rugir de la unción. Creo que necesitamos revertir eso y subir el volumen en la alabanza, y especialmente nuestro volumen en la oración. De hecho, en una versión en inglés de la Biblia, Hechos 2:4 indica que la gente hablaba en lenguas en voz alta en el día de Pentecostés.

Le decimos a nuestra congregación que queremos oírles orar con un rugido cuando oramos juntos en el Espíritu. Ponemos todo nuestro ser en oración tanto en inglés como en lenguas. ¡Es difícil dormirse y aburrirse cuando ponemos todo nuestro cuerpo en la oración! La intensidad en la oración que incluye todo su ser —espíritu, alma y cuerpo— causará que su río de la unción pase de ser un chorrito a ser una inundación. Cuando comenzamos por primera vez nuestra iglesia, yo quería ser la esposa serena del pastor perfectamente arreglada y sin ningún cabello fuera de su lugar. El problema conmigo es que cuando estoy alrededor de la música del Espíritu y cuando estoy alrededor de gente orando, mi río está entrenado para desbordarse, y no puedo hacer nada por evitarlo. He intentado orar en voz baja, pero no puedo, pues me emociono demasiado con el Espíritu. He intentado no saltar y bailar cuando la unción está fluyendo en la alabanza, pero no ocurre. Finalmente dejé de preocuparme por eso, porque he descubierto que si uno se mete en el rugir del Espíritu, ve cómo las cargas se caen de encima de uno mismo, se destruyen las fortalezas en la atmósfera de la oración y la alabanza en voz alta, particularmente si uno toma parte en ello. Algo ocurre cuando dejamos que el río nos empuje con su corriente; somos liberados, ¡gloria a Dios!

Aprenda a entrar en diferentes esferas y tipos de lenguas. No

LO SOBRENATURAL EN USTED

querrá usted orar en el mismo nivel monótono de lenguas que tenía la primera vez que fue lleno del Espíritu. Necesita crecer de la misma manera que crece como cristiano. Madure en esta área, y siga donde el Espíritu le lleve. Me gustaría decirlo de esta manera: "Aprenda a seguir al Espíritu, y no haga que el Espíritu siga a sus preferencias". Ore en lenguas, y deje que la unción le guíe. No retroceda porque a veces suene inusual; eso es lo que significa entrar en diversidad de lenguas. Hay diferentes sonidos, diferentes proclamaciones y unciones; aprenda a usarlas todas. La única manera de crecer es practicando, y aprenderá a base de hacerlo y de rodearse de otros que estén dispuestos a hacer lo mismo. El mundo de otras lenguas le hará fluir en el río de su espíritu, y sacará de usted el pozo interior de la unción para tratar su situación o con aquello por lo que está orando.

## LA EXPERIENCIA DE ESPÍRITU A ESPÍRITU

La mujer del pozo no podía creer lo que estaba oyendo y viendo: "¿Cómo podía Dios moverse en ese monte y no en Jerusalén?", pensaba ella. "Me está contando la historia de mi vida, sabe todo lo que he hecho. *Debe* de ser un profeta, ¿verdad?" Cuando la mujer samaritana vio a Jesús demostrar el poder del agua viva, supo que había algo diferente, algo estaba pasando que no había ocurrido antes en la región. Después, Jesús comenzó a hablarle sobre lo que era. En Juan 4:21-24, Jesús dijo: "Mujer, créeme, que la hora viene cuando ni en este monte ni en Jerusalén adoraréis al Padre. Vosotros adoráis lo que no sabéis; nosotros adoramos lo que sabemos; porque la salvación viene de los judíos. Mas la hora viene, y ahora es, cuando los verdaderos adoradores adorarán al Padre en espíritu y en verdad; porque también el Padre tales adoradores busca que le adoren. Dios es Espíritu; y los que le adoran, en espíritu y en verdad es necesario que adoren".

Ella probablemente pensó: "Es tan diferente a otros, diciendo que a Dios se le puede adorar en cualquier sitio". Se había enseñado a la gente de aquella época que para experimentar a Dios había que visitar Jerusalén, la localización del lugar sagrado que albergaba la presencia de Dios. Independientemente de lo que ella hubiera escuchado, sabía que sintió el poder de Dios allí mismo, y lavó las heridas de su corazón. No podía explicarlo, pero Jesús obviamente conocía sus pensamientos, así que Él comenzó a enseñarle una de las revelaciones más poderosas de la Biblia. Esto es lo que Dios pretendió con Moisés, y era lo que siempre había querido de nosotros. Dios quiere una experiencia de Espíritu a espíritu con nosotros: su Espíritu, la fuente de agua sobrenatural, conectada con nuestro propio espíritu.

Al darle esta revelación a la mujer samaritana primero, fue un mensaje profético de que el Espíritu de Dios quiere llenarle, sin importar quién sea usted o por lo que haya pasado en la vida. Él quiere llenarle para que el agua pueda ser la fuerza de poder que lo cambie todo.

Jesús usó la frase clave en el versículo 24, cuando dijo: "Dios es Espíritu". Esa es la respuesta; ¡Dios quiere mostrarse a *sí mismo* a usted desde dentro de *usted*! Es ahí donde Dios quiere hablarle y demostrarle su poder para que nunca se sienta necesitado o sediento en ninguna circunstancia. No tiene que estar en ningún lugar en concreto para tenerlo, puede ser en su propio salón o en el auto independientemente de la situación. Como Dios es Espíritu, esto es lo que quiere en una relación, y no quiere operar fuera de esto. Por eso Dios no hace cosas para demostrar quién es cuando la gente lo demanda, porque sabe que su demostración no es una relación de Espíritu a espíritu, y esto nos ayuda a entender más por qué Jesús dijo en Mateo 16:4: "La generación mala y adúltera demanda señal".

Las personas que siempre quieren una prueba externa primero nunca disfrutarán de una relación de Espíritu a espíritu con el

Señor, y sentirán que no disponen del poder sobrenatural de Dios. Nunca sabrán cómo sacar de su pozo interior, porque siempre necesitan ir a algún otro lugar para encontrar una manifestación externa. Que Dios se manifieste a sí mismo en cualquier lugar está bien, pero *primero* quiere que usted se reúna con Él en privado sobre ese asunto, y quiere que experimente lo que su Espíritu imparte antes de que alguien más diga o haga algo. Él quiere que el río de agua le lave mientras hay una relación individual. Eso es lo que Dios quiere según Juan 4:23, y esas son las personas que Él busca que le adoren: personas que pueden buscar a Aquel que vive en su interior. Con ese entendimiento, verá que las manifestaciones externas de Dios seguirán.

¡Ella lo vio inmediatamente! Debe de ser Él, ¿verdad? Por alguna inesperada razón en Juan 4:25, esta mujer del pozo saca el tema del Mesías. ¿Cree que lo dijo por accidente, o acaso ese Hombre que estaba de pie ante ella sabía algo sobre Aquel llamado el Cristo? ¿Sospechaba ella...? ¿Podría ser que...? Bien, una cosa es cierta, y es que antes de que Jesús hablara sobre la experiencia de Espíritu a espíritu, ella sólo pensaba en un profeta al azar, ¡pero después empezó a barajar la palabra *Mesías*! Creo que Dios nos está mostrando la revelación de que antes de experimentar la unción del Espíritu Santo en el pozo de Jacob de su espíritu, usted ve las cosas de una manera, pero *después* lo verá de una manera distinta. Sus ojos serán abiertos, y tendrá la revelación completa de la unción que hay ante usted. Verá al Ungido, verá al Cristo.

No importa por lo que esté pasando hoy, hay un suministro sobrenatural en usted que está siempre disponible. No importa dónde o con quién esté, ni las cosas imposibles que parecen inminentes. Funciona, y este pozo de suministro responderá a cada una de sus necesidades.

## Capítulo Cinco

# EL EQUIPAMIENTO SOBRENATURAL ESTÁ EN SU CASA

ESTÁ FUERA DE toda duda que la unción del poder de Dios viene de un único lugar, y es la casa de Dios. La verdadera revelación de esto no echa raíces hasta que no nos damos cuenta de manera enfática de que *nosotros* somos su casa. Como Cuerpo de Cristo, somos su casa colectiva, pero como individuo, usted es también su lugar de morada, su casa. Primera de Corintios 3:9 dice: "Porque nosotros somos colaboradores de Dios, y vosotros sois labranza de Dios, edificio de Dios".

Al explorar esto, tenemos que ver una característica muy especial que el Espíritu Santo trajo cuando nos llenó. Cuando el Espíritu Santo hizo de su espíritu su hogar, según el retrato de Ezequiel 47:1, trajo agua a la casa.

> Me hizo volver luego a la entrada de la casa; y he aquí aguas que salían de debajo del umbral de la casa hacia el oriente; porque la fachada de la casa estaba al oriente, y las aguas descendían de debajo, hacia el lado derecho de la casa, al sur del altar.
>
> —EZEQUIEL 47:1

Era tanta agua que ni siquiera tenía que entrar en la casa para ver el agua, ya que esta salía por debajo de la puerta. El agua del Espíritu de Dios en nuestro interior es para fluir en grandes cantidades, tanto que no pueda evitar desbordarse. Esa agua contiene las herramientas, el equipo y los dones del Espíritu de Dios, y están tan apretadas ahí dentro que tienen que salir de nosotros. Aun así, muchas personas están convencidas de que no están cualificadas o que no son lo suficientemente fuertes para tener ese nivel del Espíritu de Dios, con lo cual a menudo se excluyen de poder tenerlo. Simplemente piensan que su "equipamiento" espiritual nunca será suficientemente poderoso para poder vivir como cristianos sobrenaturales. Y son aún más los que creen que nunca están lo bastante "preparados" para fluir en la unción de Dios para sus vidas o para otros. Incluso muchos creyentes comprometidos están convencidos de que nunca podrán estar a la altura. La razón por la que a muchas personas les cuesta caminar en el poder sobrenatural es porque se sienten indignas o condenadas por sus defectos.

Un domingo por la noche después del servicio, uno de los miembros de nuestra iglesia vino a mí y me pidió oración por sanidad. Ella es una mujer fuerte de Dios que sabe cómo permanecer en la fe en cuanto a las promesas de Dios se refiere. En ese tiempo, yo no era consciente del todo de la posible gravedad de su situación. Comenzó a contarme que había comenzado con lo que parecía una gripe o resfriado, lo cual luego se convirtió en un picor severo inexplicable que la estaba volviendo loca. No sólo le hacía estar despierta por la noche, sino que también hacía que sus días fueran horribles.

Al principio, pensó que quizá se tratara de una reacción alérgica o que hubiera tomado demasiados analgésicos; sin embargo los síntomas cada vez eran peores. No tenía erupciones ni urticaria, sino tan sólo un picor interno misterioso que parecía estar de algún modo debajo de la piel. Ninguna crema ni tratamiento lo aliviaba, así que los doctores hicieron análisis de sangre rutinarios, los cuales revelaron que las encimas del hígado estaban extremadamente altas, tres veces más de lo normal. Los doctores dijeron que tenían que hacer más pruebas, pero esos resultados iniciales indicaban algún tipo de enfermedad autoinmune, que podría ser lupus, hepatitis o enfermedades del hígado. El problema era que cada prueba que hacían no parecía revelar nada en concreto, por lo que nos doctores no podían concretar cuál era exactamente su problema.

Ella me dijo: "He estado orando y declarando la Palabra de Dios, y también examinando mi corazón para ver si le había abierto alguna puerta al enemigo de alguna manera que estuviera permitiendo que esto entrara". Cuando me dijo eso, me acordé cómo el Señor trató conmigo en cierta ocasión cuando me estaba condenando yo sola, sintiéndome como si Dios no estuviera respondiendo mis oraciones porque yo pudiera tener alguna "puerta abierta" sin yo saberlo.

¿Sabe cómo funciona esto? En el mismo instante en que necesite que Dios le responda, el diablo estará ahí para condenarle, haciéndole que se pregunte si algún pecado que haya cometido le estará haciendo vulnerable a todos los ataques que está experimentando. El otro supuesto es que usted está buscando arrepentimiento y un cambio en algún área de su vida, pero piense que Dios deba estar decepcionado con su progreso porque parece que las respuestas a sus oraciones no llegan como deberían. Por supuesto, debemos examinarnos a nosotros mismos como nos dice la Biblia en 1 Corintios 11:28. Las Escrituras también dicen en Filipenses 2:12 que debemos ocuparnos de nuestra salvación con temor y temblor.

Sin embargo, hay una gran diferencia entre la condenación demoniaca o de uno mismo y el autoexamen o convicción del Espíritu Santo. Trataremos esto brevemente en este capítulo, porque impide que mucha gente use el equipamiento sobrenatural que Dios les ha dado.

Primero quiero mostrarle algo que el Señor me mostró sobre la respuesta a nuestras oraciones y nuestros pecados, lo cual es algo que pude compartir con esta mujer. Es cuando Jesús enseñó sobre la oración en Lucas 11.

Jesús nos dio un ejemplo de cómo orar. En el versículo 3, nos enseñó a pedir por nuestras necesidades, usando el ejemplo: "El pan nuestro de cada día, dánoslo hoy". Seguidamente, en el versículo 4 nos enseñó a pedir el perdón de nuestros pecados con el ejemplo: "Y perdónanos nuestros pecados". Un día, el Señor me ayudó a ver que no fue un accidente que Jesús nos enseñara a pedir por nuestras necesidades *antes* de pedir perdón. El motivo es que el Señor quería que supiéramos que Él no basa las respuestas a nuestras oraciones sólo en nuestros pecados o la ausencia de ellos.

Sí, tenemos que procurar vivir de manera pura como un testimonio de Cristo en nosotros, y la desobediencia deliberada permitirá que el diablo obtenga acceso (véase Proverbios 17:19; 28:13; Efesios 4:27; 1 Pedro 5:9). Sin embargo, Dios no está reteniendo su respuesta debido a alguna falta en su vida, particularmente cuando usted no tiene una idea de lo que pueda ser. Es muy probable que, si tiene que arrepentirse de algo, usted ya sepa muy bien de qué se trata, y que el Señor ya le haya indicado varias veces que lo corrija. En ese caso, acuda a Dios de inmediato y arréglelo, y después confíe en que Él quiere responder a sus oraciones.

El diablo siempre quiere condenarle y hacerle creer que ha hecho algo mal todo el tiempo, para que usted nunca tenga la seguridad de que merece una respuesta o que puede acceder al poder sobrenatural de Dios. En cambio, Jesús nos enseñó a orar así específicamente para que nos acordemos siempre de que no es por nuestras obras de justicia como conseguiremos un milagro. Es por la sangre de Jesús y porque Dios es nuestro Padre amoroso, que nos quiere ayudar cuando nos acercamos a Él en fe. El Salmo 103:10 dice: "No ha hecho con nosotros conforme a nuestras iniquidades, ni nos ha pagado conforme a nuestros pecados".

Compartí este principio con la mujer y la animé a que supiera que tenía todo el derecho de ser sanada, y también le ofrecí orar por ella. También debo decir que ese fue uno de esos días en que a pesar de haber disfrutado de un servicio poderoso, en lo particular no *sentí* nada poderoso cuando oré por ella, principalmente porque estaba un poco cansada tras el servicio. Así que simplemente la ungí con aceite según Santiago 5:14-15, pasaje que yo sentía que cubría toda su situación, así como lo hace todo el que quiere ser sanado. Dice: "¿Está alguno enfermo entre vosotros? Llame a los ancianos de la iglesia, y oren por él, ungiéndole con aceite en el nombre del Señor. Y la oración de fe salvará al enfermo, y el Señor lo levantará; y *si hubiere cometido pecados, le serán perdonados*" (énfasis añadido).

Pues bien, teníamos todos los ingredientes, ¿no es cierto? Teníamos un pastor (anciano), una persona enferma, aceite de la unción, e íbamos a hacer una oración de fe. También quiero llamar su atención al hecho de que este versículo no nos da ninguna indicación de que el poder milagroso vaya a ser obstaculizado si la persona ha pecado; de hecho, dice que la persona puede recibir el perdón junto a su sanidad, y la oración de fe funcionará para ambas cosas.

Así que, en mi mente, la suma de todos estos factores debería dar como resultado una sanidad según este versículo. Sin embargo, ese día, yo no sentí nada cuando oré, y ella tampoco dijo que sintiera nada. Lo único que sentí fue algo que me hacía *saber* que ella había sido sanada, pero personalmente no me sentí muy ungida en la oración. No se me puso la carne de gallina, y mi oración no hizo temblar nada, ni salieron rayos de mis manos que yo viese, pero sencillamente sabía que había sido sanada basada en el hecho de que conocía lo que dice la Biblia. Lo único que sentí fue que el Espíritu Santo me estaba animando a decirle que bebiera mucha agua. Parecía algo demasiado normal, pero de todas formas se lo dije. De nuevo, a veces el poder sobrenatural funciona en lo que creemos que es algo ordinario. Por tanto, después de orar, dejó el frente del auditorio. No pensé demasiado en ello hasta que me envió un correo electrónico un día varios meses después.

Me dijo que sorprendentemente, un mes después de haber orado juntas, le dieron una medicina para el picor que requería que bebiera mucha agua, confirmando lo que dijo el Espíritu Santo. También se había aferrado a muchos versículos que el Señor le había dado, incluso se acordaba de un testimonio que compartió mi marido sobre cómo él fue sanado una vea de un brazo roto, y aunque fue milagrosamente sanado, el proceso completo tardó algún tiempo. Ella estaba segura de que ese era su caso y que, aunque fue sanada cuando oramos, su sanidad completa se fue manifestando a lo largo de un proceso. Se aferró a lo que oramos ese día, decidiendo no aceptar ninguna mentira condenatoria del diablo que le impidiera recibir su sanidad.

¡Milagrosamente, en menos de dos meses sus síntomas habían desaparecido por completo! Dos meses después, los doctores la dijeron que estaba totalmente sanada y que no tenía nada. Los doctores también cancelaron todas las pruebas que habían planeado hacer. Su sanidad no fue sino un milagro. Para mí, la parte más increíble del milagro fue que Dios manifestó su poder. Se desbordó, incluso cuando ella y yo nos sentíamos entorpecidas por nuestras propias deficiencias en ese momento.

Muchos cristianos y ministros se han visto ante situaciones donde se sentían ineptos para manejarlas. Parece que el problema va más allá de su nivel de destreza espiritual y unción, o que el problema llegó en un tiempo en que no se sentían "sintonizados" con Dios lo suficiente como para producir lo milagroso. Si fuéramos honestos con nosotros mismos, todos hemos tenido esos momentos, y sí, siempre parece como si los mayores problemas surgieran durante esos momentos; pero independientemente del tiempo que pase usted en oración o en la Palabra de Dios, algunas cosas seguirán pareciendo como una montaña demasiado grande para escalar, y sentirá que está tratando de manejar algo para lo que no está preparado o que no tiene experiencia para superar.

Hay tres razones principales por las que a menudo no nos sentimos seguros de producir resultados sobrenaturales con el poder de Dios en nosotros.

1. Fracasos y errores pasados. El pasado puede ser uno de los mayores enemigos de la unción. Sus experiencias previas son sólo buenos maestros si el resultado fue favorable para mostrar el poder de Dios. De otra manera, esas experiencias sólo sirven como una nota mental de temor la próxima vez que afronte lo imposible. Por ejemplo, si oró por alguien para que fuera sanado y esa persona murió, puede que se sienta incompetente la próxima vez; o si intentó vencer un hábito de pecado y fracasó varias veces, puede que sienta que no podrá encontrar nunca la manera de vencer. Los fracasos pasados de muchas personas les están impidiendo alcanzar los éxitos futuros.

2. El problema parece más grande que nosotros. La otra razón por la que mucha gente no puede lanzarse y ministrar en el Espíritu o recibir un milagro por sí mismos es porque ven el tamaño de la montaña. Orar

por una pequeña herida está bien, pero en su subconsciente sienten que sanar a alguien ciego sólo es algo al alcance de algún ministro de sanidad. Tenemos la seguridad de que podemos confiar en Dios para recibir una cosecha de dólares pero no de miles de dólares. Si el problema parece demasiado grande para usted, es fácil enfocarse en sus deficiencias.

3. El problema surge en los momentos más inoportunos. A veces no es que no tenga confianza en su capacidad de orar o tratar con algo. Normalmente sabe que puede levantarse en el Espíritu y manejar ese tipo de ataque. Sin embargo, ¡este no fue su mejor día! Es justo cuando está tratando de ver una película o quizá de salir con la familia. No se siente preparado para una lucha con su espada lista para la batalla. En muchos casos, simplemente está cansado y necesita reagruparse. A menudo, los problemas surgen en el momento en que no estamos orando mucho o no sentimos estar en el juego.

El Espíritu de Dios sabía que habría circunstancias cuando, naturalmente hablando, no sentiríamos la unción ni poder alguno para vencer. Sin embargo, debido al poderoso testimonio de sanidad de la mujer, me di cuenta de que no importa lo que uno sienta durante una situación dada; lo que uno siente no es lo que determina si la unción interior está actuando o no. Funciona porque el equipamiento sobrenatural ya está en usted, usted es la casa que lo alberga, y funcionará. Es cierto que yo no me *sentía* ungida cuando oré por la mujer ese día, y ella estaba también descifrando si tenía o no confianza, pero el poder de Dios rebosó de igual modo porque ya estaba en nuestras "casas" espirituales.

Esto es lo que Ezequiel vio en su visión. La unción estaba en la casa y salió por debajo de la puerta. El río de Dios no está basado en los sentimientos, aunque muchas veces usted lo sentirá. El suministro poderoso en su interior está basado en lo que usted posee, el suministro de bienes que ya tiene. Su tarea es afilarlos y activarlos.

Por ejemplo, si usted es contratista, probablemente tiene herramientas que usa para hacer su trabajo. No tiene que "sentir" que tiene las herramientas; o las tiene o no las tiene. De hecho, aunque esté cansado cuando vaya a trabajar una mañana, las herramientas siguen estando en el maletero de su vehículo esperando a que las use. Usted las posee, le pertenecen, y están disponibles para funcionar cada vez que las vaya a buscar y las use. Cuando las enchufa, no se pone a pensar dos veces si funcionarán o no.

Filipenses 1:19 dice: "Porque sé que por vuestra oración y la suministración del Espíritu de Jesucristo, esto resultará en mi liberación". Pablo estaba diciendo que su respuesta se basaba en dos cosas: (1) Los que oraron por él, y (2) el suministro del Espíritu. Estaba esperando que el suministro en su interior dado por el Espíritu Santo fuera lo que le aliviara de las pruebas que estaba atravesando. Él buscó su respuesta en el equipamiento que tenía a través del Espíritu. La palabra *suministro* literalmente nos habla de reservas que uno pueda tener para cubrir todas sus necesidades. Esas reservas son: alimentos, mobiliario, equipamiento y regalos. En otras palabras, imagine una grapadora, un electrodoméstico o cualquier otro artículo que pudiera haber en cualquier casa que tenga un propósito y sea atractivo.

El Espíritu nos ha dado cierto equipamiento y mobiliario dentro de nuestro "edificio" espiritual que están ahí para que podamos tener suministros o para dar suministro a otros. Dios lo ha diseñado para que, independientemente de cómo nos sintamos o lo que estemos viviendo, haya un equipamiento en nosotros para tratarlo. Lo único que tenemos que hacer es usar el equipamiento, sin esperar a tener un sentimiento especial para usarlo. El Espíritu nos lo ha dado con la intención de que funcione cada vez que lo necesitemos.

## ¿CONDENACIÓN O CONVICCIÓN?

Antes hablamos de la necesidad de conocer la diferencia entre la condenación demoníaca o de uno mismo y la convicción del Espíritu Santo y aprender a examinarnos adecuadamente. Debido a que una falta de entendimiento en esta área a menudo nos hace sentir alejados del poder de Dios, creo que sería importante examinar algunas diferencias que nos ayuden a detectar cuál está funcionando en nuestras vidas. Queremos ser libres para caminar en lo sobrenatural. Si vivimos con un sentimiento de condenación o ineptitud, no veremos las herramientas que Dios nos ha dado para funcionar en poder. Estas son algunas claras diferencias entre convicción y condenación:

| CONVICCIÓN | CONDENACIÓN |
|---|---|
| Viene para advertirle antes de pecar (Juan 14:26) | Señala y se burla después de pecar (Juan 8:10-11; Apocalipsis 12:10) |
| Le dice que vencerá al pecado y al fracaso; le da confianza (Romanos 8:1-2) | Le hace sentir temor de no poder vencer sus faltas; crea incertidumbre (2 Tim. 1:7) |
| Le trae a la memoria la misericordia y el perdón de Dios (1 Juan 1:9) | Le hace sentir culpable y sin perdón (1 Juan 3:20-21) |
| Le da soluciones para vencer (Hebreos 13:20-21) | No le da soluciones o salidas (1 Corintios 10:13; Juan 3:14) |
| Le da el sentido de la sabiduría paternal de Dios, disciplina y amor (Hebreos 12:5-8) | Le hace sentir que Dios le ha desamparado (Romanos 8:15) |

| CONVICCIÓN | CONDENACIÓN |
|---|---|
| Le ayuda a ver un futuro positivo (Jeremías 29:11-12) | Le hace ver solo la futura derrota para que quiera abandonar (1 Tes. 2:18; Gá. 5:7-8) |
| Le recuerda que usted es la justicia de Dios en Cristo y que no tiene que vivir así (2 Corintios 5:21) | Le dice que nunca será lo suficientemente bueno para ser justo (Romanos 8:34) |

Cuando mira estas características, puede ver fácilmente cómo actúa el diablo para hacer que la gente siga sintiéndose abatida. Claro, sentirse abatida injustamente por el diablo es muy diferente a ser alguien que vive deliberadamente en pecado, pensando que puede evitar el juicio o las consecuencias (Hebreos 10:26). Desgraciadamente, esas personas se están poniendo bajo el poder condenatorio de Satanás en vez de bajo la gracia perdonadora de Dios. Pero a aquellos que tienen un verdadero deseo de servir al Señor y están trabajando para evitar el pecado en sus vidas, Dios no les golpea la cabeza ni les hace sentir culpables para siempre del fracaso. Esa idea es un enemigo del poder de Dios y le impedirá sentir que puede operar en lo sobrenatural.

## DIOS LO ESTÁ FORMANDO

Cada uno de nosotros está en un nivel de crecimiento diferente en su cristianismo. Si nos aseguramos de estar progresando cada día, no deberíamos sentirnos mal por dónde estamos hoy en nuestro caminar. Volvamos al versículo en 1 Corintios 3:9, el cual dice: "Porque nosotros somos colaboradores de Dios, y vosotros sois labranza de Dios, edificio de Dios". Usted es el edificio de Dios, queriendo decir que Él está en el proceso de construirle. Un estilo de vida de santidad y determinación a vivir libre de pecado es un proceso.

De hecho, Mateo 3:8 dice: "Produzcan frutos que demuestren

arrepentimiento" (NVI). Si se da cuenta, producir fruto es un proceso de crecimiento, y lleva tiempo además de un alimento y riego regulares. Todo lo que hacemos como cristianos requiere crecimiento y permitir que Dios nos forme. Esto incluye aprender a caminar en el poder de Dios y desarrollar fe en nuestra capacidad de hacerlo independientemente de nuestros defectos, incompetencias y errores. Si le permite al Señor hacerlo, Él edificará fe en usted para caminar en lo sobrenatural a pesar de estas cosas.

Aunque todo el equipamiento para obrar en la unción sobrenatural está dentro de usted, el Señor quiere enseñarle cómo usarlo con confianza y destreza sin importar dónde esté o cómo se sienta en este momento.

## LA UNCIÓN "EN EQUIPO"

Mi esposo y yo ministramos mucho en equipo. A lo que me refiero con esto es que en gran parte de nuestro ministerio, particularmente en nuestra propia iglesia, ambos tenemos un micrófono cerca y tenemos en mente que en cualquier momento el otro puede subir a la plataforma. Cuando eso ocurre, uno tiene que estar listo para entrar en la unción que ya se ha creado. Ahora bien, eso no siempre es fácil de hacer, porque puede que o bien fluya en la cresta del río o que se estrelle contra la orilla, especialmente cuando hay una atmósfera muy intensa de oración o de profecía. A uno le puede atrapar desprevenido y aún así tener que entrar en la unción. A menudo, ministramos así cuando dirigimos la oración; hacemos equipo y tenemos que estar preparados para ministrar en el Espíritu sin saberlo de antemano.

Una noche, durante nuestra reunión de oración entre semana, estábamos intercediendo por América y orando para que el Señor interviniera en los juzgados en toda la nación. Todos estábamos orando en el Espíritu, cuando yo entré en una dimensión inusual en otras lenguas, como si entrara en otra realidad. La unción colectiva también era tan intensa que algunas personas comenzaron a gemir como quien tiene dolores de parto. Los músicos estaban tocando y profetizando con sus instrumentos con algunos acordes nada habituales, y físicamente se podía sentir el peso de la atmósfera en la sala. De repente, comencé a decir ciertas palabras en inglés sobre el sistema de los tribunales y la nación. La carga se volvió tan pesada que casi me veía incapaz de manejarla, así que caminé hacia mi esposo y le puse el micrófono en sus manos. Él me dijo después que el peso de la sala era tan espeso que casi estaba desconcertado; me dijo: "Por un momento, no supe qué hacer". Se dirigió a trompicones hasta el púlpito, y antes de poder reaccionar, se oyó a sí mismo profetizar sobre el propósito de Dios para los tribunales de América diciendo ciertas cosas que ocurrirían ese verano. Todo eso sucedió, y el propósito de Dios se cumplió.

Después, en otra ocasión cuando mi marido estaba profetizando sobre las elecciones presidenciales hace algunos años, se metió tanto en la unción que cayó bajo el poder de Dios en la plataforma. Ahí estaba, tirado en el piso, y yo me acerqué a él con los ojos abiertos porque no me lo esperaba. No sabía qué hacer; de manera informal pasé por encima de él y me dirigí al púlpito. Tan sólo abrí mi boca y, para mi propia sorpresa, continué la profecía. Imagino que Dios realmente es el principio y el fin, ¡así que mi marido dio el comienzo y yo di el fin!

Hemos tenido bastantes historias de equipo de este estilo, pero en todas ellas he descubierto que nunca tuve tiempo de preparar nada en mi mente antes de que pudiera abrir mi boca. No pude preparar un sentimiento, intentar planear lo que decir, ni nada, tan sólo tuvimos que pasar al frente y fluir con poder sin saberlo de antemano. Tuvimos que depender del equipamiento en nosotros y simplemente encender el interruptor en nuestro espíritu.

Si usted hace las cosas necesarias en privado para mantener

su equipamiento espiritual en buen estado antes de necesitarlo, cuando llegue el momento estará preparado para usarlo como un experto, incluso cuando no sienta nada extraordinario en ese momento. Verá que el poder saldrá de usted. Igual que se limpia y arregla una casa física, también tiene que limpiar, preparar y mejorar su casa espiritual de forma regular para que no se ensucie y se seque. Tiene que mantenerla fresca y rebosando para que las herramientas funcionen al entrar en contacto.

## Preparación para el poder

Si queremos que la unción de Dios fluya dentro de nosotros de forma fácil y libre incluso en las situaciones más inesperadas, tenemos que prepararnos. Por ejemplo, su casa natural puede que esté recientemente construida y remodelada, pero si planea tener invitados, normalmente siempre hay alguna preparación que hacer para que sus invitados puedan recibir el máximo beneficio de su visita. Quizá haya alimentos, habitaciones o algo de decoración que tenga que preparar. Normalmente, no dejamos todos los preparativos para el momento en que llegan nuestros invitados.

De igual forma, tenemos que estar preparados de antemano para funcionar de manera efectiva en la unción. Aunque Dios nos ha equipado para albergar su Espíritu, también tenemos que preparar nuestra "casa" para que esté lista para cualquier momento en el que el poder de Dios se pueda manifestar con el fin de poder ser usados para bendecir a aquellos a los que Dios ponga en nuestro camino. También tenemos que estar preparados para operar en esa unción para nuestras propias vidas. Jesús se tomó el tiempo de preparar su unción de poder. Creo que la mejor manera de aprender a estar preparado para ser usado en el poder de Dios es aprender del ejemplo de Jesús.

En Lucas 4:1 primero vemos que Jesús estaba lleno del Espíritu Santo, igual que nosotros estamos llenos del Espíritu. Más adelante, en el versículo 14, vemos que Jesús no sólo estaba lleno del Espíritu Santo, sino que también hizo una transición a ese poder cuando entró en Galilea, ahora en el poder del Espíritu. La llenura del Espíritu Santo es el equipamiento inicial que Dios hace disponible para que funcionemos en lo sobrenatural. Sin embargo, también necesitamos prepararnos para el manejo experto de ese equipamiento como Jesús hizo, para que podamos funcionar en las cosas sobrenaturales de Dios.

Hubo cuatro maneras clave en las que Jesús se preparó para manifestar lo sobrenatural.

**1. Jesús "volvió del Jordán" (Lucas 4:1).**

El Jordán es un ejemplo profético de la vida de santificación y queda inicialmente ejemplificado en el bautismo en agua. Cuando Josué tomó el liderazgo de los hijos de Israel tras la muerte de Moisés (Josué 1—3), encontramos que Dios le dijo que llevara al pueblo al Jordán. En Josué 3:5, Josué le dijo al pueblo: "Santificaos, porque Jehová hará mañana maravillas entre vosotros". Note cómo el poder sobrenatural genuino de Dios y la santidad están conectados.

Luego, en el versículo 17 del mismo capítulo, así como en Josué 4:1, vemos que cuando el pueblo pasó el Jordán, se dice que estaban "limpios". Si queremos funcionar en el poder genuino y no adulterado de Dios, tenemos que vivir limpios. Hemos de estar dedicados al llamado de Dios de tal forma que nos lleve a la santidad. Jesús regresó del Jordán donde fue bautizado como un ejemplo de su dedicación a la santidad y a su llamado.

**2. Jesús "fue llevado por el Espíritu al desierto" (Lucas 4:1).**

El desierto es el lugar donde su fe es probada. Es donde aprende a confiar en Dios como su fuente y provisión única y total. Literalmente hablando, un desierto es un lugar donde los recursos para sostener la vida, o bien está limitados o no existen. Simplemente no puede confiar en las cosas normales en las que hubiera confiado si no estuviera en el desierto.

No obstante, es importante notar que el desierto *no* es un lugar de circunstancias trágicas. Algunos creen que como atraviesan un momento trágico están en un desierto espiritual, pero recuerde que Dios no nos prueba a través del uso de la tragedia y el mal (Santiago 1:13). En cambio, Dios guió al pueblo de Israel al desierto para probarlos y ver lo que había en sus corazones (Deuteronomio 8:2). Él quería ver si confiarían en su provisión para sus necesidades aunque significara que tuviera que producirse un milagro para lograrlo; sin embargo la etapa de prueba no fue que Dios provocara o permitiera que les ocurrieran cosas malas o trágicas. De hecho, cuando entraron en el desierto todo iba bien. Las cosas les iban bastante bien al pueblo de Israel, no estaba ocurriendo nada malo, todos estaban bien cuidados. Lo único que ocurría es que su provisión ya no procedía de los recursos que tenían, como habían estado acostumbrados hasta entonces.

Sus problemas comenzaron cuando les empezó a dar miedo su nueva forma de vivir, que era poner toda su confianza en que el Señor proveería de manera sobrenatural cuando los recursos naturales no estuvieran disponibles. Cuando no vieron los resultados que esperaban ver en el momento en que pensaban que ocurrirían, de repente dudaron de que Dios fuera a suplir sus necesidades. Inmediatamente quisieron buscar otra fuente para suplir sus necesidades en vez de confiar en las promesas de Dios.

El desierto es donde usted aprende a creer que las promesas de Dios son ciertas aunque parezca que no vayan a ocurrir en ese momento. Para manifestar con confianza el poder sobrenatural de Dios, Jesús tuvo que poner toda su confianza en Dios para todo. Tuvo que aprender a tener fe para lo sobrenatural cuando lo natural estaba diciendo otra cosa.

### 3. Jesús "no comió nada" (Lucas 4:2).

Este fue un punto obvio, en cuanto a que Jesús ayunó y oró. Cuando los discípulos de Jesús intentaron manifestar el poder sobrenatural para echar fuera a un demonio en Mateo 17:14-21, no pudieron hacer que funcionara el poder. Cuando le preguntaron a Jesús el porqué, dijo dos cosas: primero, que fue por su incredulidad, y segundo, que este género sólo sale con oración y ayuno. Jesús no estaba diciendo que cada vez que uno se tope con este tipo de demonio tenga que posponer su sesión de liberación hasta que haya orado y ayunado, sino que estaba diciendo que al establecer el hábito de orar y ayunar, uno se coloca en posición de caminar en el tipo de fe necesario para este tipo de manifestación milagrosa. Jesús ayunaba y oraba para prepararse para la unción sobrenatural.

### 4. Jesús "por cuarenta días, y era tentado por el diablo" (Lucas 4:2).

Jesús también tuvo que prevalecer en una guerra espiritual personal. Tuvo que aprender a vencer la tentación. Parte del proceso de aprendizaje de caminar en el poder de Dios es usar ese poder para destruir sus propias fortalezas personales y tentaciones del mal. Jesús no fue sólo tentado a hacer las tres cosas que el diablo le tentó en Lucas 4, sino que estuvo en una guerra espiritual directa con el diablo los cuarenta días completos. Hebreos 4:15 dice que Jesús fue tentado *en todo* como nosotros, pero no pecó. Note que eran tentaciones reales para Jesús, no sólo situaciones que de algún modo no impactaban sus pensamientos. Sin embargo, creo que las tres tentaciones que se enumeran específicamente revelan tres tentaciones principales que cada uno de nosotros debemos vencer para aumentar el poder milagroso de Dios en nuestras vidas.

### Jesús venció la comodidad de su carne.

En Lucas 4:3-4 el diablo le tentó con comida sabiendo que ya estaba extremadamente hambriento. Bien, claro está, no hay nada de malo en estar hambriento y querer comer después de cuarenta días de ayuno; ¿entonces qué pretendía el diablo? Satanás quería que Jesús usara la unción sobrenatural en Él para beneficio propio, para su gratificación personal. Ahora bien, usted puede llamar a la unción de Dios en usted para suplir sus necesidades personales, pero lo que no puede hacer es usarla para suplir esas necesidades con motivos egoístas que aparten nuestro enfoque del Señor.

Note que Jesús respondió diciendo: "No sólo de pan vivirá el hombre, sino de toda palabra de Dios" (v. 4). En otras palabras, estaba diciendo: "No voy a apartar mi enfoque de la Palabra de Dios para conseguir lo que yo quiera; la Palabra de Dios está por delante de lo que yo quiero, necesito y deseo". Jesús podría haber cedido fácilmente a su carne que estaba rogando que le prestaran atención. A diferencia de Esaú, que cedió a su carne por un plato de lentejas (Génesis 25:29-34), Jesús no renunciaría a su herencia de Dios a cambio de la gratificación personal.

### Jesús venció el orgullo.

En Lucas 4:5-8, el diablo le mostró a Jesús todos los reinos del mundo y su gloria. Satanás se los ofreció a Jesús a cambio de que le adorase. Ahora bien, sabemos que la tierra y toda su plenitud es del Señor, pero los sistemas mundiales de este siglo están gobernados por el diablo; la Biblia lo llama el "dios de este siglo" (2 Corintios 4:4). Muchas personas hoy día han ido en pos o han "adorado" al dios de este mundo para disfrutar de lo que los reinos de este mundo les ofrecen. El diablo está feliz de darle una plataforma si usted aparta su adoración de Dios y la cambia por orgullo y autoadoración.

También quería que Jesús cediera al orgullo de recibir el reconocimiento de ser el rey de los sistemas del mundo. Sabemos que

Jesús es el Rey, pero en ese momento Él no iba a recibir el mérito de ello. Él vino a morir, no a establecer un reino terrenal. Jesús contrarrestó esa tentación poniendo el enfoque de la adoración de nuevo en el Señor.

**Jesús rehusó el tipo de temor que quiere que Dios demuestre quién es.**

Vemos esto en Lucas 4:9-12, cuando el diablo quiere que Jesús se arroje desde el templo sólo para ver si Dios le salvaba. Jesús no tenía que hacer que Dios demostrara su presencia haciendo ese milagro. Pedirle a Dios que demuestre que realmente está ahí a través de una señal o haciendo milagros es tentar al Señor. Así fue como el pueblo de Israel tentó a Dios en el desierto, al seguir diciendo: "¿Está, pues, Jehová entre nosotros, o no?" (Éxodo 17:7). Por supuesto, parecía que Dios no podía mostrar señales y prodigios suficientes para convencerles, y ellos seguían cuestionándose si Dios estaría cerca de ellos.

Si se da cuenta, no importa cuántas veces Dios haga milagros, si no confía en que Él está siempre con usted pase lo que pase, no confiará aun cuando el poder sobrenatural de Dios esté obrando justamente delante de sus ojos ¿Por qué cree que el poder obró de forma tan poderosa con los tres muchachos hebreos en el libro de Daniel? Fueron rescatados del horno de fuego de manera milagrosa, pero observe lo que dijeron primero. Parafraseando sus palabras en Daniel 3:17-18, le dijeron al rey: "Escuche, oh rey, nuestro Dios es capaz de librarnos de usted sin ningún problema, pero aunque no lo hiciera, no nos postraremos". No necesitaban ver un milagro para confiar en el poder del Señor o en su presencia, y como resultado, vieron cómo el poder sobrenatural les salvó de una situación imposible.

Podemos ver que después de que Jesús hizo los preparativos oportunos, estuvo listo para manifestar el poder sobrenatural de la unción que llevaba. Lucas 4:14 dice: "Y Jesús volvió en el poder del Espíritu a Galilea, y se difundió su fama por toda la tierra de alrededor". Jesús salió del desierto listo para caminar en la unción para los milagros. Y esto es lo que Dios quiere para su cuerpo de creyentes.

## ¡SE ESTÁ LEVANTANDO UN RASCACIELOS!

Proféticamente hablando, el Señor está preparando al Cuerpo de Cristo para albergar su la presencia de su Espíritu de una forma muy general para el mundo. Dios quiere que sea algo inconfundible. Una de las razones por las que el Señor se enojó tanto con la torre de Babel (Génesis 11) fue porque representaba un edificio unificado, habitado por personas con un sólo lenguaje y propósito. En Génesis 11:6, el Señor dijo sobre la torre: "Y ahora nada les detendrá de hacer lo que se han propuesto hacer". Estaban construyendo una imagen falsa y distorsionada de lo que Dios planeó proféticamente para la Iglesia.

Note que cuando estaban construyendo la torre de Babel, su intención era que llegara hasta el cielo. Ahora bien, eso no comenzó porque a alguien se le ocurriera una idea loca un buen día, sino que fue un asalto directo contra el Dios Todopoderoso y su plan para un edificio de gente llamado Iglesia. Nosotros somos el "rascacielos en el Espíritu" de Dios. Eso es exactamente lo que Dios había planeado para la gente antes de que comenzara el mundo. Quería un edificio de gente que lo habitara, uno que tuviera un corazón y una lengua. ¡Esa es otra razón por la que el diablo odia orar en lenguas! Representa la restauración de una lengua unificada que desbanca los límites naturales. En el poder del Espíritu, somos de un corazón y una lengua.

Podemos esperar ver que Dios pondrá una gran dedicación a mostrar su edificio, la Iglesia. De hecho, la Biblia dice que somos una ciudad asentada sobre un monte que no se puede esconder (Mateo 5:14). Podemos esconder cosas pequeñas, pero los rascacielos son fáciles de divisar, y están intrincadamente diseñados. Normalmente se visten con el mejor equipamiento y las comodidades más modernas. La gente también se siente atraída hacia ellos. Piense en la emoción que sintió usted cuando divisó el rascacielos de la ciudad a la cual se dirigía.

A las personas les gustan los edificios altos. Dios no sólo nos está construyendo, sino que podríamos decir que nos está levantando como rascacielos espirituales. Será fácil divisarnos, y el mundo o bien se va a sentir atraído a nuestro poder o bien nos despreciará por él. En el pasado, muchos han visto la iglesia como una propiedad vacía y desierta que siempre está derrotada, luchando por sobrevivir y sin poder alguno. Nos han visto como un edificio pequeño sin electricidad ni muebles. Ese no fue nunca el diseño de Dios para la Iglesia. El mundo va a ver un edificio de gente totalmente amueblado con un equipamiento poderoso que hemos empezado a usar.

Como resultado, entraremos en una etapa donde cumpliremos un propósito profético que desafiará lo que el diablo intentó crear con la torre de Babel. Parecido a lo que Dios dijo sobre Babel, estoy convencida de que nada nos impedirá lograr lo que nos hemos propuesto hacer en el poder del Espíritu Santo. Muchos encontrarán un lugar de cobijo y satisfacción que el increíble edificio de Dios proveerá. Dentro encontrarán la presencia del Cristo vivo, y cuando cumplamos ese propósito, alcanzaremos lugares remotos en el Espíritu Santo.

Como edificio de Dios, Él no nos dejó vacíos. A través de la llenura del Espíritu Santo estamos totalmente equipados, totalmente amueblados y totalmente abastecidos. El equipamiento para fluir en el poder sobrenatural ya está listo y disponible para ser usado. Por ejemplo, no tengo que caminar por mi casa todos los días preguntándome si el sofá estará ahí o no. No, ya está ahí y listo para usarse. No tengo que sentirlo primero para saber que es cierto, ni tan siquiera una vez me he parado a pensar si me puedo o no sentar en él porque no estoy segura de que exista, y tampoco tengo que sentirme lo suficientemente digna para sentarme en él. De igual forma, usted no tiene que cuestionar si el mobiliario espiritual en su interior existe o no. Dios le ve totalmente amueblado por el poder de su Espíritu, y puede estar tranquilo de que el poder del Espíritu está ahí listo para funcionar y ser usado, pero incluso más poderoso es el hecho de que a menudo funcionará aun cuando usted no se dé cuenta de ello. Éste rebosa de la casa (Ezequiel 47).

Cuando comenzamos nuestra iglesia por primera vez, una señora nos visitó un domingo por la mañana. No parecía muy normal, había algo extraño en ella, pero entró y se sentó al fondo. Era una señora mayor y entrada en kilos que vestía un vestido azul oscuro de flores. Yo acababa de salir a la plataforma cuando comenzó el servicio, pero mi esposo no había salido aún. Los músicos tomaron sus instrumentos y marcaron la cuenta para la primera canción, cuando en ese preciso momento, miré a la congregación y vi algún material azul floreado agitándose en el fondo. No estaba segura de lo que estaba ocurriendo hasta que personas del equipo de orden de la sala se apresuraron a ir al lugar y me di cuenta que era esa señora. En el mismo instante en que comenzó la música, se comenzó a manifestar un demonio. Lo único que yo podía ver era su vestido azul floreado agitándose.

Nuestra iglesia aún era nueva, y estábamos intentando mantenerla de forma ordenada, pero lo único que tanto yo como el resto de las personas en la plataforma pudimos ver fue a esa señora con el vestido de flores sacudiéndose descontroladamente. Comenzó a gritar y a empapar el suelo mientras el personal encargado del orden en la sala la sacaba de la sala; ¡fue todo un espectáculo! Mi esposo se reunió con el personal de sala en la entrada y echaron el demonio de la señora. Él trató con el demonio mientras varios hombres intentaban sujetarla, y después ella salió corriendo del edificio.

Pero lo increíble es que no hicimos nada para avivar a su demonio salvo comenzar el servicio. La unción que llevábamos avivó algo sin que nadie se diera cuenta. El poder de Dios rebosó automáticamente y causó que el demonio se manifestara porque se sintió amenazado.

A muchos cristianos les ha ocurrido eso; cuando se aproximan a alguien atado por algún demonio, los demonios empiezan a manifestarse. Puede que uno ni siquiera haga nada para provocarles. Quizá tan sólo está en sus asuntos, caminando por el centro comercial, y alguien comienza a gritarle y a gruñirle. Eso es porque usted está totalmente amueblado y el equipamiento sobrenatural en usted del Espíritu Santo avivará a los demonios y hará milagros cuando usted no esté ni tan siquiera intentado ministrar en esa unción. Usted es el edificio totalmente equipado de Dios y listo para funcionar con lo que hay en su interior, y el Señor está creándole con unas poderosas proporciones de "rascacielos".

Eso es exactamente lo que ocurrió con Jesús. Una mujer fue sanada con sólo tocar el borde de su manto cuando Él no estaba mirando (Marcos 5:25-34). La unción se movió, y Jesús no lo sintió hasta después de haber ocurrido. Lo mismo le ocurrió al apóstol Pedro. La gente intentaba tocar la sombra de Pedro para conseguir un milagro (Hechos 5:15). El poder en su interior comenzó a operar automáticamente antes incluso de que él lo supiera. Mientras estaba ocupado ministrando a la gente que tenía delante, los que estaban detrás en su sombra fueron liberados y sanados. Como Pedro sabía lo que llevaba en su interior, su equipamiento espiritual comenzó a funcionar por sí sólo. ¡El agua rebosó!

## LA CASA REMODELADA

Cuando usted fue salvo y nació de nuevo, Dios le remodeló por completo. Según 2 Corintios 5:17, cuando usted acudió a Cristo fue reconstruido. La vieja estructura fue quitada, y todo ha sido recreado. Es como un proyecto de remodelación espiritual. Por eso no entiendo por qué la gente siente que revivir constantemente su pasado e intentar entenderlo será la respuesta para arreglar su futuro. No, yo creo que Dios quiere que borre de manera permanente los errores de su pasado de tal forma que su mente quede renovada hasta el punto en sea como si su recuerdo del pasado fuera de otra persona. Las viejas huellas mentales están llenas de una nueva manera de pensar y de nuevos recuerdos. El viejo hombre está destruido, y el nuevo hombre está ahí para ser amueblado y decorado.

El problema es que muchas personas quieren volver a la casa antes de ser reconstruida, porque el proceso de remodelación conlleva algunas decisiones sacrificadas. Si alguna vez ha pasado por algún proyecto de remodelación, sabrá que el proceso no es nada divertido. Lo único bueno es el resultado una vez que se termina. Hasta ese momento, uno sufre las incomodidades de los materiales de construcción, líos y polvo por todos lados. A veces incluso tiene que trasladarse temporalmente a otro lugar. Muchas personas que han remodelado una cocina se hallan comiendo comida congelada y de fuera durante semanas.

En el Espíritu, cuando Dios le remodeló a través del material de construcción llamado la sangre de Jesús, fue un momento dramático y un proceso a la vez. La nueva construcción le obligó a dejar su lugar actual. Es aquí donde muchas personas que temen los cambios regresan al mundo. Las relaciones y los hábitos de vida tienen que ser ajustados, y en algunos casos puede que tengamos que encontrar una nueva ocupación. El proceso de remodelación ordenado por Dios hace que todo cambie.

El proceso de remodelación no siempre es placentero o conveniente, pero el resultado final siempre valdrá la pena. No hay nada comparable al sentimiento de entrar a una habitación recién pintada y con alfombras nuevas, suelos y otros elementos. El olor es diferente, y a duras penas uno se acuerda de cómo se veía anteriormente. Esto es lo que Dios hizo por usted cuando fue salvo. Antes de que Él instalara todos los elementos de interior del Espíritu Santo dentro de usted, le reconstruyó y remodeló, para que usted pudiera ser alguien totalmente nuevo y capaz de albergar la gloria y el río del Espíritu incluso en la época de desbordamientos, cuando la virtud comienza a rebosar involuntariamente. Dios ya le ha capacitado para manejar la unción de todas las formas posibles en que fluye desde su "casa".

## La profecía del "tazón de sopa"

Una manera en la que la unción sobrenatural se puede "desbordar" automáticamente, por así decirlo, es a través de los sueños espirituales e incluso visiones. Los sueños también son parte de su equipamiento sobrenatural (Hechos 2:17). No tiene que intentar que ocurran, vienen por sí solos. Claro, hacer las cosas necesarias para crear un entorno que favorezca lo sobrenatural, como ya hemos hablado en este libro, fomentará el que ocurran los sueños y visiones espirituales.

Una vez tuve un sueño sobre alguien a quien conozco. Después, en un servicio en el que estaba ministrando, le vi y le profeticé sobre el sueño. Le dije que le vi sentado en una mesa donde el camarero intentaba alimentarle con un tazón de sopa en concreto. En la sopa había todo tipo de cosas malas e incomibles. Cada vez que la sopa llegaba a su mesa, él tomaba una cuchara para comérsela. Finalmente, tras haberle servido varias veces, decidió que no quería la sopa y se enojó y gritó: "Yo no pedí esto, ¡y no lo quiero!". En el último intento del camarero por traerle la sopa, el hombre tomó su cuchara y la golpeó contra la mesa. Al dejarla contra la mesa, su mano golpeó el borde del tazón, haciendo saltar el tazón de sopa por los aires para ir a parar al piso. Él se alegró, se levantó frente a la sopa y al que la servía, y se dio cuenta de que no tenía que "comer" lo que el diablo y la vida le habían estado sirviendo. No tenía que recibir la "sopa" del diablo que durante tanto tiempo había aceptado de su pasado como una forma normal de vida.

La virtud del Espíritu Santo se desbordó y le dio lo que necesitaba del Señor. Funcionó incluso cuando yo no lo hice funcionar o me sentía espiritual. El equipamiento en usted está listo para funcionar todo el tiempo.

## LA CASA EQUIPADA

Lo maravilloso de Dios es que cuando nos remodela, no nos deja con una casa vacía. Muchos creyentes actúan como si estuvieran viviendo en una casa nueva pero vacía. Por mucho que alguien pueda disfrutar una casa nueva, se cansaría pronto si tuviera que vivir en ella sin muebles. Actuar como si no tuviéramos poder o fuéramos incapaces de extraer las bendiciones sobrenaturales de Dios de dentro de nuestra propia casa espiritual es lo mismo que vivir en una construcción nueva pero vacía.

Dios es un constructor increíble, y se asegura de que al término de la construcción usted esté equipado con la mejor tecnología espiritual. Cada interruptor, elemento de iluminación y electrodoméstico está cuidadosamente colocado para lograr una tarea diferente pero específica. Este es el suministro completo de equipamiento que usted recibió cuando fue bautizado con el Espíritu Santo. Las herramientas y equipamiento del Espíritu Santo también se conocen como sus dones. Enclavados en 1 Corintios 12:8-10, los dones del Espíritu son las herramientas de poder. Equipan su "casa remodelada" para funcionar con electricidad espiritual. Estos dones de unción son lo que hacen que la casa cobre vida y sea útil.

Los dones del Espíritu se pueden usar para otras personas, pero también son útiles para usted. La mayoría de la gente nunca piensa en funcionar en los dones del Espíritu Santo para ellos mismos. ¿Por qué no? Sí, puede profetizarse a usted mismo, y si la mayoría de las personas comenzaran a hacerlo, tendrían un montón de victorias.

Necesitamos ese tipo de poder para nosotros mismos, ya que sin él sería como una casa sin electricidad. Una casa sin electricidad finalmente se sentirá como una caseta y comenzará a ser incómoda. La temperatura no sería la adecuada, no habría manera de cocinar nada ni siquiera de encender la luz. Sin electricidad, la casa se convertiría en un campo de cultivo para las bacterias y el moho. En nuestras vidas, sin el flujo regular del poder del Espíritu Santo y la operación de los dones del Espíritu, nuestra atmósfera se volverá incómoda y desequilibrada, y no seremos capaces de producir nada. Necesitamos la función de la electricidad para impedir que los contaminantes y las bacterias del mundo crezcan. Es difícil mantener el lugar puro y limpio sin electricidad. La electricidad regulará la casa. El poder sobrenatural actuando desde dentro de usted también hará que su casa espiritual funcione bien.

Este es el suministro de poder del Espíritu Santo al que Pablo se refería en Filipenses 1:19, y era la fuente de la que él dependía para vencer las pruebas y llevar a cabo su ministerio. La manera de mantener su poder fresco y conectado a la fuente es orando regularmente y teniendo comunión con el Espíritu Santo, y luego podrá salir y usar lo que está en usted.

## LA CASA AMUEBLADA

Por supuesto, si tener una casa de reciente construcción y dotada con el último grito en electricidad no fuera suficiente, Dios le hizo a usted y a mí albergar el mobiliario espiritual más selecto que se haya disponible. Sin embargo, la única manera de poder comprarlo es echando un vistazo y "comprarlo" en la tienda del Espíritu llamada la Palabra de Dios. Segunda de Timoteo 3:16-17 dice: "Toda la Escritura es inspirada por Dios, y útil para enseñar, para redargüir, para corregir, para instruir en justicia, a fin de que el hombre de Dios sea perfecto, enteramente *preparado* para toda buena obra" (énfasis añadido).

Una casa bien amueblada es lo que la hace estar completa, creando un ambiente que atrae a la gente y les hace sentirse cómodos. La Palabra de Dios obrando y desarrollando el carácter y la destreza en su cristianismo es lo que atraerá a la gente y le hará disfrutar la vida. Tener una casa espiritual amueblada con la Palabra de Dios es algo que usted hace toda su vida.

Piense en ello; comprar muebles para su casa es un proceso que probablemente continúe durante muchos años. Cuando cree que ya tiene bien amueblada cada habitación, algo empieza a parecer antiguo, y es tiempo de "refrescar" la decoración. Ocurre lo mismo con las Escrituras que obran en su casa espiritual. Tiene que actualizar continuamente las "habitaciones" en el Espíritu. Cuando cree que ya lo sabe todo sobre la sanidad divina, el fruto del Espíritu o los diezmos, descubrirá que tiene que refrescar esas cosas. Mientras está ocupado decorando otras habitaciones importantes, como desarrollar lo profético, la prosperidad y el evangelismo, se dará cuenta de que algunas de las demás habitaciones en las que trabajó hace años se han quedado "desfasadas" otra vez y necesita rehacer el trabajo. Se necesita toda una vida de impartir, estudiar, revisar y refrescar la revelación para mantener su decoración actualizada con el Espíritu Santo. Por eso a Él le encantan los muebles buenos en el Espíritu y quiere que estén nuevos y funcionales todo el tiempo.

## LA CASA QUE FUNCIONA

Como edificios espirituales de Dios, podemos tener todo el poder del Espíritu Santo y todo el carácter de Dios y la unción dentro de nosotros, pero si no tenemos un lugar para que trabajen ese poder y esos bienes, entonces finalmente nos daremos cuenta de que somos polvorientas reliquias del pasado.

Muchos creyentes hoy son reliquias del pasado porque nunca se predisponen para que funcione su "casa". No hay una toma de corriente para su unción. Cada casa espiritual necesita un lugar para ser usada por Dios con el fin de poder ser un suministro para otras personas. Efesios 4:16 lo dice claramente: "De quien *todo* el cuerpo, bien concertado y unido entre sí por *todas las coyunturas* que se ayudan mutuamente, según la *actividad* propia de cada miembro, recibe su crecimiento para ir edificándose en amor" (énfasis añadido). En otras palabras, cada "casa" individual del Espíritu Santo necesita funcionar y suplir a la "casa" colectiva más grande llamada el Cuerpo de Cristo. Las siguientes son tres maneras principales de conseguir que su casa espiritual funcione para ser de utilidad.

### 1. Encuentre una buena iglesia local.

Una iglesia local fogosa le dará una conexión a la toma de corriente en el reino de Dios. Sus dones (equipamiento) y mobiliario (talentos) encontrarán un lugar para ser usados entre el entorno coherente de una familia espiritual. Nunca acepte la mentira de que usted no necesita un pastor o una iglesia. Por supuesto, no hay una iglesia perfecta, pero aun así usted necesita una familia espiritual que permita que se desarrolle su propósito. Conéctese, involúcrese y deposite ahí su diezmo. Su dinero y su corazón van juntos. Su casa espiritual es mucho más vulnerable y sin sentido si está sola sin una familia con la que habitar. Una familia le ayudará a encontrar goteras en el tejado y le ayudará a hacer las reparaciones cuando las necesite. La determinación de estar en una iglesia local también le obligará a trabajar con otras personas en amor y a evitar un espíritu crítico.

**2. Use todas las habitaciones de su casa espiritual regularmente.**

Algunas personas sólo quieren enfocarse en una cosa u otra cuando se trata de las cosas espirituales. Algunos se meten de lleno en la sanidad, mientras que otros son solo apostólicos, e incluso algunos grupos se centran sólo en misiones u otra cosa. La verdad es que necesitamos todas esas cosas.

Si su iglesia o su situación presente no aportan una toma fácil para que ore por los enfermos, asegúrese primero de estar usando las habitaciones que puede. Si no tenemos cuidado, podemos frustrarnos y empezar a criticar hasta el grado de cerrar con llave nuestra puerta principal espiritual y encontrarnos con que no estamos usando nada. Es fácil encerrarnos en nuestro "salón" principal favorito y dejar que otras habitaciones importantes del Espíritu se llenen de polvo y pierdan la frescura. Permita que Dios abra un lugar para que usted crezca en el área en que usted fue llamado específicamente asegurándose primero de que está usando las habitaciones que son más útiles para su actual clima espiritual.

Si está en una iglesia que está orientada principalmente al evangelismo y no puede encontrar una iglesia profética, use el mobiliario que funcionará en ese entorno. A veces intentamos hacer que crezcan "palmeras" en "los bosques del norte", por decirlo de alguna manera. Use los muebles de sus otras habitaciones espirituales que funcionen donde se encuentra ahora mismo, y eso mantendrá su casa espiritual funcionando adecuadamente hasta que Dios le lleve al entorno correcto para usted.

## 3. Encuentre un lugar insólito para usar su equipamiento espiritual.

Aunque algunas personas parece que no pueden estar regularmente en una iglesia, hay todo un grupo de gente que no dejará su lugar. Creen que el domingo es el único momento en que pueden profetizar o echar fuera demonios. Demasiadas personas cometen el error de pensar que nuestra casa espiritual sólo puede funcionar y encontrar propósito en la iglesia local. Sin embargo, además de ese entorno, la Iglesia primitiva también llevó los muebles y el equipamiento de su unción a los lugares más insólitos, sacándolos al mundo con aquellos que nunca habían experimentado el poder de Dios.

## LA PROFECÍA "EXPRÉS"

Usted puede estar en cualquier lugar y confiar en que la virtud fluirá de su equipamiento interior del río de su espíritu. Una vez, después de terminar de ministrar en un congreso, nos dirigíamos de camino al aeropuerto. Mi esposo le había dicho a nuestro conductor que antes de irnos oraríamos por él y por su esposa. Con el apretado horario del congreso casi se nos había olvidado, hasta que llegó el último día. El único momento que nos quedaba era nuestro viaje al aeropuerto. Nos sentimos un poco mal por haberlo olvidado, y sentíamos que en el viaje a la terminal habíamos estado "acelerando" la oración, pero era lo único que podíamos hacer, así que oramos igualmente.

Así que ahí estábamos, conduciendo por la autovía, intentando hacer una breve oración, pero, de repente, Dios comenzó a ministrar a ese hombre y a su esposa. Parecía que estábamos haciendo ministerio "exprés", sin rodeos y al grano. Mi esposo profetizó que darían a luz a una niña, algo por lo que habían estado orando, y yo les dije que el Señor iba a "solucionar algunos trámites burocráticos" sobre algunas legalidades a las que estaban intentando poner el cierre. Dijimos amén y llegamos al aeropuerto. Todo fue apresurado, pero Dios trajo esas profecías "exprés" a sus vidas. Apresuradamente o no, fue maravilloso para ellos y justamente lo que necesitaban oír. Más que nunca, me convencí de que el equipamiento espiritual funciona cuando lo demandamos porque está listo en la casa. Incluso cuando estamos apresurados y no nos sentimos enfocados como lo hubiéramos hecho en otras circunstancias, el río fluyó de forma hermosa.

Por esta razón puede confiar en que el río de su casa también funcionará en su vida. Conocí a una señora que estaba planeando comprar un auto nuevo. Estuvo dando vueltas hasta que encontró uno, pero tras sacarlo de su lugar en el concesionario, no sintió paz ni emoción con su elección. Trató de hablar con el vendedor para devolver el auto, pero su respuesta fue que la venta estaba cerrada. Sin embargo, ella seguía sintiendo que Dios quería que tuviera algo mejor. Creo que el Espíritu Santo estaba dándole codazos y diciéndole que ese auto no era para ella. Como ve, había un equipamiento espiritual en ella que estaba ahí para ser de bendición.

Afortunadamente, siguió el sentimiento del Espíritu y decidió que ese no era su auto. Podía haber dicho: "Bueno, el vendedor dijo que no podía devolver el auto, así que imagino que tendré que quedármelo". En cambio, siguió con lo que sintió del Señor aunque no parecía realista o posible. Localizó un auto en otro concesionario e incluso procedió a rellenar la solicitud. Declaró en oración que el primer vendedor se quedaría con el primer auto. Mi esposo también oró con ella, y declararon que conseguiría el deseo de su corazón. En el plazo de dos horas, el director general que le había dicho que la venta estaba cerrada le llamó y le dijo: "De acuerdo, tráigame el auto si quiere; cancelaremos la operación". Creo que fue porque ella decidió usar el equipamiento del Espíritu en su interior, y eso produjo resultados sobrenaturales.

No tiene usted que preocuparse de no tener la capacidad de

producir milagros. Algunos simplemente caminan con más frecuencia en lo sobrenatural porque han practicado extrayendo de su pozo interior y han rehusado dejar que sus propios defectos se lo impidan; han tomado la decisión de sacar de él de forma regular. La mejor manera de usar el equipamiento que Dios le ha dado es usándolo para usted mismo. Muchas iglesias a menudo tratan de enseñar a la gente a orar por los enfermos y a profetizar, y no hay nada de malo en ello. Lo que a menudo no enseñamos a la gente es cómo utilizar esas mismas herramientas del Espíritu Santo para sus propias necesidades personales. Es aquí donde la mayoría de la gente tiene menos confianza. Ya sea para sus propias necesidades o para ministrar a otra persona, el equipamiento del Espíritu está disponible en el río de su espíritu para usarlo todo el tiempo.

## Viva de su central eléctrica

En el tabernáculo del Antiguo Testamento, la presencia de Dios estaba "encerrada" dentro de una caja especial conocida como el arca del pacto. Era una caja especial cubierta de oro con dos ángeles encima de ella. Estaba colocada en un lugar especial del tabernáculo llamado el lugar santísimo. Esa era la sala a la que sólo tenía acceso el sumo sacerdote, la sala donde él entraba para ofrecer sacrificio por los pecados del pueblo.

Es esencial saber que el arca del pacto era meramente un modelo natural de aquello en lo que Dios quería que nos convirtiéramos. Él nunca quiso vivir en una caja natural; siempre quiso vivir en nosotros, queriendo que fuéramos su santa morada. Ahora, habitados por el Espíritu Santo, llevamos en nuestra "arca" el cumplimiento espiritual de lo que estaba dentro de la caja de oro del Antiguo Testamento. El arca llevaba la representación física de lo que llevamos en nuestro espíritu dentro de nuestro propio ser. Es para que usted dependa de ello en todo lo que pueda necesitar en su vida. Dios le ha hecho ser nada menos que una central eléctrica de su Espíritu, repleto de todos los abundantes recursos del cielo.

Hebreos 9:4 dice que había tres elementos colocados dentro del arca: la vara de Aarón que produjo almendras (Números 17:8), un cuenco dorado de maná y las tablas de Moisés, o el pacto. Usted lleva en su arca espiritual los siguientes atributos similares:

1. Resultados sobrenaturales. La vara de Aarón que reverdeció sobrenaturalmente es su autoridad que produce milagros. Una vara siempre habla de autoridad y posición. Para nosotros, es el poder y la autoridad de Dios que llevamos dentro lo que siempre producirá resultados milagrosos.

2. Herencia de bendición. El cuenco dorado de maná es nuestra abundante herencia como Cuerpo de Cristo. El maná representaba a Jesús, la Palabra de Dios. Nosotros somos su cuerpo sentado dentro de su abundante herencia. En esa herencia están los dones naturales y espirituales de Dios, el mobiliario, equipamiento, herramientas y recursos. Podemos disfrutar de todos los beneficios de la familia.

3. Lealtad eterna. Las tablas del pacto son el contrato que tenemos con Dios sellado para siempre por la sangre de Jesús. Es un compromiso eterno de Dios hacia nosotros que deberíamos corresponder. Significa que todas las promesas de Dios son seguras, y nuestro compromiso de creer y seguirlas todas hará que vivamos en paz y seguridad.

Cada una de esas cosas las llevamos en el "arca" de nuestro espíritu, haciéndonos una central eléctrica del Señor. Fluyen a través del río del Espíritu Santo mismo y tocan la situación que estamos viviendo. Si cultivamos las tres categorías en nuestra arca espiritual, comenzaremos a vivir como las centrales eléctricas que Dios pretendía.

Estas son algunas formas en las que usted puede comenzar a vivir de su central eléctrica de equipamiento sobrenatural:

1. Espere lo sobrenatural.
2. Hable y encuentre la bendición de Dios en cada situación.
3. Use lo que Dios le dio.
4. Confíe en las promesas de Dios.
5. Sea leal a Dios en oración, obediencia y amor.

Si comienza con estos principios simples y aprende a practicarlos hasta que se conviertan en una respuesta natural para usted, entonces le resultará más fácil vivir desde una posición de central eléctrica que desde una de derrotado. De esto se trata vivir del pozo del Espíritu; es tomar lo que Dios ha depositado en usted, extraerlo y hacer que ello sea su recurso de vida. Para esto hemos sido hechos; está en nuestro ADN.

Somos el edificio espiritual de Dios, totalmente equipado, repleto y amueblado. No hay límite para lo que podemos lograr a través de su poder. Quizá no se sienta preparado para manejar ciertas cosas, o quizá esté pasando por un problema que parece demasiado grande para manejarlo, pero todos tenemos el mismo poder y equipamiento en nuestra casa espiritual. El secreto para vivir en ello es un estilo de vida de práctica. Cada vez que se vea ante una decisión que tomar, una oportunidad ministerial, tentación, prueba o ataque, aprenda a extraer del río de equipamiento en su interior. Cuando experimente la victoria y el éxito de esta manera, será difícil volver a otra cosa. No se trata de sentir tanto como de usarlo. Usted tiene la capacidad de usar lo que hay en su espíritu porque el equipamiento sobrenatural ya está en su casa.

## Capítulo Seis

# NO SE SALGA DEL RÍO

D E TODA LA gente de la Biblia que probablemente tuvo las mayores dificultades al intentar aprender lo que significa caminar en el Espíritu, Pedro es el que sobresale. Durante los años en los que siguió a Jesús en la tierra, se metía de lleno en las cosas y luego le veíamos frustrado. Uno de sus mayores esfuerzos de fe es cuando caminó sobre el agua con Jesús. Muchas personas han aplaudido su intento sólo por el hecho de salir de la barca, pero Jesús no se sintió así; de hecho, le reprendió por su incredulidad diciendo: "Hombre de poca fe". El Señor quería que él siguiera en el agua. Esta historia nos da un cuadro increíble de cómo podemos ser tentados fácilmente a salirnos del río del Espíritu una vez que hemos intentado adentrarnos en él. Mateo 14:28-32 dice:

> Entonces le respondió Pedro, y dijo: Señor, si eres tú, manda que yo vaya a ti sobre las aguas. Y él dijo: Ven. Y descendiendo Pedro de la barca, andaba sobre las aguas para ir a Jesús. Pero al ver el fuerte viento, tuvo miedo; y comenzando a hundirse, dio voces, diciendo: ¡Señor, sálvame! Al momento Jesús, extendiendo la mano, asió de él, y le dijo: ¡Hombre de poca fe! ¿Por qué dudaste? Y cuando ellos subieron en la barca, se calmó el viento.

Pedro tenía la intención de lograr un hecho increíble, pero había algunas circunstancias atenuantes con las que él no había contado. Quería caminar sobre el agua, pero cuando se lanzó, se vio inseguro de su propia capacidad de permanecer ahí. Creía que Jesús podía hacerlo, pero no sentía la misma confianza en su propio poder tras haberlo intentado, así que quiso regresar donde se sentía más seguro. En el último capítulo, ya hablamos sobre cómo la gente se siente incompetente, así que nunca intenta fluir en lo sobrenatural. Aquí quiero enfocarme en cómo mucha gente comienza a sintonizar con la unción pero tras un tiempo abandona, lo deja o se distrae. Al igual que Pedro, vemos la situación, recordamos los fallos del pasado y salimos del agua para volver a lo que nos resulta familiar. Después buscamos a alguien que pueda salvarnos, al igual que Pedro hizo con Jesús.

Nuevamente, permítame reiterar que no hay nada de malo en pedir ayuda a otra persona, porque nos necesitamos unos a otros, pero el Señor quiere que primero usted aprenda a confiar en su capacidad para caminar en su propia unción, no sólo durante un ratito corto sino a largo plazo. Como mejor se desarrolla la confianza es a través de la coherencia y años de determinación. El Señor quería que Pedro tuviera la confianza de que podía estar y mantenerse ahí.

El versículo 29 dice que Pedro, de hecho, caminó por el agua; realmente se produjo un suceso visible de lo sobrenatural. ¿Entonces qué le hizo detenerse? Es posible que Pedro realmente no viera lo que hizo. En vez de ver lo que estaba sucediendo, vio las circunstancias que le decían que estaba fracasando.

¿No es eso lo que nosotros también hacemos a veces? Recibimos respuestas poderosas a nuestras oraciones, pero cuando comienza una tormenta a soplar en nuestro camino, olvidamos las veces que realmente caminamos por el agua. Se nos olvida cuántas cosas milagrosas sacamos del pozo de nuestro propio espíritu. Creo que esto es lo que Jesús estaba intentado mostrar a los discípulos. Quería que ellos desarrollaran confianza para no abandonar en los momentos difíciles. Aunque aún no habían sido llenos del Espíritu, llegaría el día en el que iban a tener que dejar que el suministro del Espíritu Santo fuera su fundamento de apoyo a la hora de ministrar el evangelio y hacer milagros. No podrían salirse del río cuando se encontraran con un frente adverso, y esto es lo que el Señor quiere hoy para usted y para mí; quiere que nos sintamos completamente seguros de que el río del Espíritu en nuestro interior es un lugar seguro para caminar, ¡y no tenemos que regresar a la barca porque aquí afuera se esté levantando algo de viento!

De la experiencia de Pedro de caminar sobre el agua, veremos lo que le impidió quedarse ahí y hablaremos de ello a lo largo del resto de este capítulo. A menudo somos tentados, distraídos o desanimados por alguna forma de persecución o problema, así que nos salimos del agua. Por eso muchas iglesias, incluso las llenas del Espíritu, han comenzado a salir de las manifestaciones de lo sobrenatural y ya no dejan espacio para ellas en sus servicios.

Que Jesús caminara sobre el agua es un ejemplo profético de que el agua es un lugar firme sobre el que estar. En otras palabras, usted puede confiar en el agua del Espíritu que vive en usted más que en cualquier otra cosa, lo cual es lo contrario a la manera de vivir de muchos cristianos. Que Jesús caminara sobre el agua fue para revelar que era un fundamento fiable sobre el que sostenerse. Pedro salió del agua porque no creía que fuera a sostenerle en medio de las circunstancias que le rodeaban, así que necesitaba un plan de respaldo. Esa es la razón, creo yo, de que Jesús fuera tan duro con él y le corrigiera por tener poca fe. El Señor quiere que tengamos fe en que la unción que el Espíritu Santo nos da es fiable, y nos podemos tener la seguridad de que nos aguantará en cada situación. Satanás y sus demonios crean todo tipo de desafíos para hacernos querer salir del agua corriendo y gritando como si estuviera infestada de tiburones. Sigamos un viaje para revelar cada trampa misteriosamente escondida que el diablo ha puesto para sacarnos del río del Espíritu Santo que tenemos.

## EN TERRITORIO DESCONOCIDO

Cuando comenzamos por primera vez el ministerio hace casi veinte años, pensamos que estábamos armados y listos para la batalla. Sabíamos lo que habíamos sido llamados a hacer, y quiero decir con esto que nos estábamos moviendo para hacerlo. Habíamos recibido confirmaciones y profecías, y nuestros corazones ardían con el llamado. En nuestra mente, habíamos recorrido completamente nuestro futuro. Se supone que todos debemos tener una visión ¿no es cierto? Si usted está en el ministerio, se supone que sabe qué ha sido llamado a hacer, cuándo lo hará, y...quién le va a ayudar a conseguirlo. ¡Al menos, eso es lo que quieren que todo el mundo piense quienes persiguen el ministerio! De repente, nos dimos cuenta de que el mapa para el ministerio cuidadosamente preparado durante toda una vida no revelaba que había algunos lugares rocosos y desconocidos. No sabíamos que nos despertaríamos una mañana y no tendríamos forma de pagar nuestro alquiler ni lugar para predicar. ¡Esa parte no estaba en la profecía!

No lo sabíamos aún, pero el Espíritu Santo nos estaba dirigiendo a territorio desconocido a propósito. Había algún terreno duro que en nuestro mapa no aparecía. Estábamos preparados para llevar nuestra poderosa unción al mundo, pero, como Pedro, no esperábamos que hiciera tanto viento al salir de la barca. Un día, recuerdo sentir que habíamos logrado una victoria porque tenía treinta dólares extra además de pagar las facturas para comprar algo de comida y artículos de tocador. Para mí, esa fue una semana próspera. Estuvimos así durante casi un año.

Para muchas personas, una situación como esa es suficiente para hacerles salirse del río del Espíritu. Sienten que nada funciona y que están fracasando, y empiezan a pensar que sus oraciones no están siendo contestadas. Cuando no teníamos dinero, seguimos orando, profetizando y usando nuestro equipamiento espiritual para abrirnos camino en el llamado de Dios. Seguimos persiguiéndolo, incluso cuando no parecía ocurrir nada sobrenatural. Orábamos en el Espíritu y las cosas empeoraban, profetizábamos y nada cambiaba, parecía que no estábamos ungidos para ello, y esta es la primera trampa que usa el diablo para convencer a la mayoría de la gente de que vuelva a la orilla. Usted no esperaba el viento, así que deja de caminar sobre el agua y deja de creer en la unción en su interior. Luego, de repente, un día las cosas comenzaron a cambiar para nosotros, y la bendición de Dios comenzó a desplegarse por todos lados. Como seguimos sacando el poder sobrenatural, finalmente vimos la victoria. El Señor nos estaba enseñando cómo caminar en medio de los desafíos y a salir de ellos con la confianza de que estábamos ungidos.

Jesús quería que Pedro caminara por lo inesperado y que aún así supiera con toda confianza que estaba ungido. Todo el que quiera manifestar el poder milagroso debe aprender esta lección. En vez de dudar de lo que hay en el pozo de nuestro espíritu, necesitamos tener confianza en ello incluso cuando estemos caminando por lo inesperado. La situación externa no es el factor determinante de si funcionará o no el poder de Dios a través de usted. Sólo porque el doctor le diera un informe negativo hoy no significa que las cosas por las que oró y proclamó en la esfera del Espíritu ayer no funcionaran. Tenga la confianza de que tiene las armas necesarias para vencer cualquier posible depredador que no estuviera previsto en su mapa. El equipamiento del Espíritu Santo funcionará mientras usted viaje por territorios desconocidos. El viento puede seguir soplando incluso mientras usted camina con éxito por el agua; usted puede estar extrayendo bien de su pozo de suministro espiritual mientras el viento que le rodea es tempestuoso. Esta es la razón por la que no podemos medir nuestro fracaso o éxito para funcionar en la unción basándonos en la apariencia externa de las cosas.

Dios guió al pueblo de Israel deliberadamente por el desierto desconocido en su camino a la Tierra Prometida. El Señor les dio numerosas razones para confiar en que su poder y guía estaba con ellos; Él abrió el Mar Rojo, sacó agua sobrenaturalmente de la roca, envió maná del cielo e incluso les guió con una nube celestial. Aun con todo ese poder actuando, ellos no pudieron confiar en que el Señor haría milagros entre ellos en medio de lo inesperado, sino que interpretaron lo inesperado como un fracaso del poder de Dios. Aprenda a confiar en que el pozo de su propio espíritu funcionará poderosamente en territorio desconocido. A menudo, al igual que el pueblo de Israel, las cosas milagrosas de Dios son muy visibles, pero no las creemos porque no tenemos la confianza de que nuestra propia unción podría lograrlo y que está funcionando a pesar de estar en territorio desconocido.

## No hemos ido nunca por este camino

Cuando Israel finalmente llegó al Jordán después de la muerte de Moisés, Josué les preparó para el siguiente lugar al que estaban a punto de ir. En Josué 3:1-6 los israelitas llegaron al río, y él mandó a la gente posicionarse cuidadosamente para que pudieran ver fácilmente el arca del pacto moviéndose delante de ellos. Después, cuando lo vieran, deberían seguir la dirección del arca. ¿Se acuerda cuando hablamos sobre cómo nuestro espíritu es la casa o el "arca" del Espíritu Santo? Los israelitas tenían que mantener sus ojos *en el arca* para saber dónde ir. De igual forma, nosotros tenemos que mantener nuestros ojos en el "arca" de Dios en nuestro interior y confiar en que el poder y la unción nos llevarán por lugares que no esperábamos y sitios en los que no habíamos estado antes. Además, necesitamos estar seguros de que el arca en nosotros está produciendo lo sobrenatural para lograrlo.

Josué les dijo: "Así sabrán por dónde ir, pues nunca antes han pasado por ese camino" (Josué 3:4, NVI). Tenían que confiar en que el arca les llevaría correctamente a través del territorio desconocido. Dios quiere que usted sepa que la presencia de su Espíritu en usted le llevará correctamente y que puede confiar en ella. Vea cuál es el resultado que Josué le dijo al pueblo que tendrían si seguían confiadamente el arca al entrar en nuevos lugares: "Jehová hará mañana maravillas entre vosotros" (v. 5). Si confiamos en nuestra capacidad para funcionar en el poder de Dios, que es nuestra "arca" del Espíritu Santo, ¡entonces el resultado producirá siempre el poder milagroso de Dios!

Para algunas personas, lo inesperado es que no están seguros de seguir las diferentes expresiones del Espíritu Santo. Tampoco pueden seguir cómo el Espíritu se expresa a sí mismo en otra persona, o no pueden dejar que Dios les usa de formas nuevas e inusuales diferentes de aquello a lo que están acostumbrados. Sólo tienen confianza en una forma de profecía, un estilo de adoración y un tipo de predicación. Dios quiere que dejemos que su unción dentro de nosotros nos lleve a nuevos lugares en el Espíritu. Sólo porque no lo hayamos visto o no hayamos funcionado en ello no significa que no sea del Señor, así que permita que el Espíritu de Dios en usted le lleve a través de lo inesperado, y sepa que puede caminar sobre el firme fundamento de esa agua. Si rehúsa enfocarse en el viento tempestuoso que le rodea, se verá a sí mismo venciendo poderosamente y seguirá estando en línea con el plan perfecto de Dios para su vida.

## Sin tiempo para pensar

Pedro no sólo tuvo que tratar con el viento inesperado que soplaba por todas partes, sino que ahora también tenía que lidiar con su propio temor. La Biblia dice que Pedro tenía miedo, y ese temor en él se produjo cuando se dio cuenta de que este nivel de caminar en el Espíritu podía hacer que se hundiera.

Como la unción del Espíritu es semejante a un río, podemos esperar que a veces experimentemos un rápido movimiento de las aguas. Significa que a veces tendrá que moverse tan rápidamente que tendrá miedo de hundirse en el proceso. Las olas estarán a su alrededor, pero tiene que dejarse llevar por la corriente. Cuando el profeta Ezequiel vio la visión del río en Ezequiel 47, las aguas llegaban por encima de su cabeza y no podía cruzar. Cuando usted aprende a vivir del río de Dios fluyendo desde el Espíritu en usted, habrá veces en que parecerá que está por encima de su propia cabeza. Las olas del Espíritu Santo se moverán rápidamente, y usted tendrá que fluir con la corriente o volver a la orilla.

Si alguna vez ha visto en las noticias de la televisión imágenes de una riada o de una persona que cayó al agua en medio de una corriente, verá que es muy poco lo que se puede hacer mientras la persona u objeto navegan a la deriva por la corriente. Para aprender a entrar en las cosas más profundas del Espíritu, no puede quedarse en la orilla por temor a hundirse. No siempre tiene tiempo de "arreglar" cómo planea moverse con la unción. Puede que haya veces en que el agua se esté moviendo rápidamente a su alrededor, y usted puede quedarse seguro en la orilla viendo el agua o saltar a ella. Si se entrena con el tiempo para confiar en la unción que hay en usted, aprenderá a entrar en la corriente más honda y rápida de Dios y no hundirse.

Pedro vio el agua por todas partes y comenzó a temer. Para estar en la corriente del río de Dios, tenemos que superar nuestro temor al agua. Muchos cristianos son felices con vivir en una piscina espiritual. El problema es que el agua en una piscina no está en movimiento y se puede estancar. Así es como muchas personas e iglesias se ven atrapadas en tradiciones religiosas. Comenzaron con un poder tangible, pero se acomodaron al lugar donde estaban y nunca edificaron sobre lo que tenían. Nuevos lugares en el Espíritu Santo puede parecer impredecible a veces, pero eso es lo que le mantendrá en el mover fresco de Dios.

Muchos bandos y movimientos a lo largo de numerosos círculos del cristianismo han comenzado a estancarse con el tiempo porque no se siguieron moviendo. Están conformes con las canciones que han cantado durante los últimos cinco años porque eran muy poderosas, así que o bien cantan las mismas año tras año, o sólo escriben nuevas que tienen el mismo estilo musical. Tenemos el hábito de intentar siempre "recrear" la misma unción y así nunca entrar en nada fresco. Por eso muchos movimientos de Dios quedan anquilosados. Cuando una nueva "corriente" del Espíritu Santo se cruza en nuestro camino, la analizamos en lugar de fluir en ella. No podemos tener miedo pensando que nos moveremos en las aguas rápidas del Espíritu. ¡A veces tendrá que darse una zambullida! Por supuesto, no estoy diciendo que tenga que estar dispuesto a "aceptar todo" en las cosas espirituales, pero sí necesitamos ir más allá de las expresiones y manifestaciones que nos resultan familiares cuando el Espíritu Santo está intentando llevarnos a nuevas cosas. Manténgase fiel a la Biblia y rinda cuentas, pero también quédese en las frescas profundidades de Dios.

Una forma clave en que el río del Espíritu Santo fluirá de usted con nuevas expresiones es a través de la operación de los dones del Espíritu. Hay veces en que la unción vendrá sobre usted repentinamente para sanidad o una profecía, y el Señor quiere que reaccione ante ello rápidamente. No puede dedicar tiempo a querer razonarlo.

Recuerdo una vez cuando estaba en una reunión especial que tuvimos en nuestra iglesia, y hacia el final de la alabanza y la adoración, de repente me sentí guiada a dar una palabra profética. Había muchos ministros y visitantes en ese lugar, y lo descarté, en un intento de no añadir otra cosa más al servicio. Así que luché contra el fluir del Espíritu y me reprimí, porque en mi mente quería dar a nuestros oradores invitados mucho tiempo y no distraerles de su ministerio. ¿Sabe lo que ocurrió? El orador comenzó a ministrar en la misma línea que la palabra que el Espíritu Santo había puesto en mí. Por supuesto, la unción de la noche fue increíble, pero siempre me pregunté cómo hubiera podido ser incluso mejor si yo me hubiera lanzado al río sin pensarlo dos veces. Como me detuve a pensarlo, nunca salté al río; me quedé en la orilla donde era más seguro. Cuando el Espíritu Santo se mueve repentinamente, hay veces en que tiene usted que responder sin pensárselo, mientras que al mismo tiempo tiene que tener la suficiente destreza para saber cuándo es oportuno y ser capaz de manejarlo en orden y con rigor.

Cuando mi esposo y yo comenzamos a ministrar juntos en lenguas e interpretación, parecía de algún modo normal y no fuera de lo común de cómo muchas otras personas han ministrado en esta línea. Después, cuanto más comenzamos a hacerlo, las expresiones comenzaron a ser más inusuales y rápidas. ¡Había veces en que parecía que estábamos en riadas peligrosas! Mi esposo comenzaba a correr por el auditorio tomando a gente y "decretando" sobre ellos con expresiones inusuales en lenguas, y luego yo tenía que interpretarlas. A veces, el Espíritu del Señor se movía tan rápido que al terminar nos quedábamos sin aliento. Ahora bien, he tenido que aprender a saltar a ello; no tengo tiempo de estar en la orilla y preguntarme si me voy a hundir en la corriente o si voy a cometer un error. Es una corriente que se mueve rápidamente, y usted tiene que fluir con ella.

Ahora bien, mi esposo profeta es muy expresivo en su manera de ministrar en lenguas a la gente, pero tras aprender a confiar en esa "corriente" del Espíritu, sé cómo sintonizar con ella. Aunque a veces puede parecer que obtengo la dirección general de la interpretación por algunos de los movimientos de su mano, he descubierto que no hay tiempo de pensar así. Tengo que fluir con ello rápido y sin tiempo de ver o incluso recordar todo, y ser capaz de hacerlo con la precisión de una cuchilla de afeitar. Es incluso más retador cuando estoy ministrando en el extranjero donde usamos un traductor, porque en esos casos tenemos a tres personas hablando, y yo tengo que hacer una pausa para el traductor y seguir interpretando la palabra del Espíritu Santo. La mejor forma para fluir que he descubierto es sin tomar tiempo para pensar en ello; tan sólo salte al río que está saliendo de usted; por eso la Biblia dice que sale de su interior, ¡y no de su cabeza!

## LA CONEXIÓN DE LA CARNE

Cuando Pedro apartó su enfoque de la fe para caminar sobre el agua, comenzó a hundirse. En nuestro caminar con el Señor, o bien caminamos o nos hundimos, no hay nada entre medias. Permaneceremos en el Espíritu si mantenemos nuestros ojos en el Espíritu Santo en nosotros. Sin embargo, cuando nuestro enfoque lo dirigimos hacia nosotros mismos debido a los obstáculos y las distracciones de la vida, siempre veremos que nos hundimos en un estilo de vida que atiende y consuela a la carne. Pedro comenzó a hundirse porque su mente estaba más en su propio bienestar que en el Señor. Si quiere aprender cómo depender de la unción dentro de usted, tendrá que cortar su conexión con la dependencia de su carne. Y hay dos razones principales por las que estamos conectados al brazo de la carne: (1) por nuestras respuestas, y (2) por nuestro placer.

## Repuestas de la conexión de la carne

La mayoría del tiempo nos sentimos más seguros oyendo la opinión del doctor, del abogado, de los informes o simplemente de un amigo que confiando en la voz interior del Espíritu Santo. Esto es debido a que no practicamos regularmente el escuchar, responder y ver el fruto procedente de vivir en base al pozo de nuestro espíritu. Muchos creyentes no practican aprender a oír a Dios de esta manera; sin embargo, esta es la forma en que el Espíritu de Dios nos hablará la mayoría de las veces. De nuevo, normalmente estamos más cómodos con la idea de que Dios nos hable a través de otra persona que creyendo que Él nos hablará directamente a nosotros y que podemos oír su voz con precisión.

Dios usa a la gente. Usa a los padres, pastores y buenos amigos cristianos para ayudarnos a permanecer puros y atinados en el Espíritu. Sin embargo, la gente no puede ser un sustituto del Espíritu del Señor en nuestro propio espíritu. Es fácil quedar atrapados en la práctica de encontrar a alguien que sea nuestro recurso todo el tiempo y olvidar que Dios quiere enseñarnos cómo encontrar soluciones que vengan de nuestro interior. Cuando aprendamos a tener confianza en conseguir las respuestas del pozo del Espíritu Santo dentro de nosotros, entonces es bueno tener la salvaguarda de amigos, iglesias y familia para confirmar lo que estamos sintiendo. La mayoría de la gente prefiere, en cambio, encontrar a un profeta para oír de Dios. Prefieren conseguir que algún ministerio de sanidad ore por ellos en vez de usar la unción que Dios les ha dado. A veces es debido a que sabemos verdaderamente que el Señor en nuestro interior va a decir algo que no queremos oír, y por eso buscamos personas que nos digan lo que en verdad queremos oír.

La otra circunstancia es que muchos piensan que una opinión humana es más fiable que el Espíritu Santo porque podemos oírlo y verlo con nuestros ojos y oídos físicos. Nos sentimos más seguros quedándonos en la orilla que caminando por el agua: el agua del Espíritu. Puede que nos haga sentirnos mejor depender de una solución carnal para encontrar una dirección o suplir nuestras necesidades, pero la Biblia nos da algunas nociones sobre lo que ocurre cuando hacemos esto, y por el contrario, lo que ocurre cuando confiamos en el Señor.

En primer lugar, Jeremías 17:5-6 dice: "Así ha dicho Jehová: Maldito el varón que confía en el hombre, y pone carne por su brazo, y su corazón se aparta de Jehová. Será como la retama en el desierto, y no verá cuando viene el bien, sino que morará en los sequedales en el desierto, en tierra despoblada y deshabitada". Ahora bien, estos versículos tienen mucha miga. Note que dice que confiar en la carne es lo mismo que apartarse del Señor. Al necesitar siempre una solución humana, nos daremos cuenta de que estamos dejando a Dios fuera de todo. Después nos enojamos cuando sentimos que de alguna manera Él nos ha abandonado, y sin embargo, Él está dentro de nosotros y quiere participar en todo lo que hacemos. Dios usa a la gente, pero quiere ser el *único* objeto de su deseo y dependencia para todo. Puede acudir a Él en el interior del pozo de su espíritu, practicando el oír, sentir y confiar en Él. Cuanto más lo haga, más le verá moviéndose así en su vida. Después, cuando tenga conocimiento de malas noticias por la televisión o en la oficina del doctor, no temblará, no se hundirá porque ha confiado en Dios, la fuente de agua viva. La única manera de hacerlo es a través de un estilo de vida de práctica que no tira la toalla por haber cometido algún que otro error.

Después estos versículos de Jeremías también nos dicen el resultado que obtendremos al confiar en la carne. Dice que seremos como "la retama en el desierto", la cual es una planta rodadora, y las plantas rodadoras son sopladas de un lado para otro y no están arraigadas a nada. Por eso mucha gente en la iglesia va dando tumbos de un lugar a otro intentando encontrar respuestas, nuevas emociones, satisfacción, preferencias y opiniones. Necesitamos establecernos y arraigarnos y ser estables. Las plantas rodadoras están a gusto sin agua. Una dependencia de las soluciones naturales nos vaciará del agua del Espíritu, y no notaremos que estamos perdiéndonos las cosas sobrenaturales de Dios.

Muchas personas no pueden sacar del pozo de sus espíritus porque han dejado que se sequen por la falta de uso, ya que siempre intentan sacar el agua del pozo de los demás. Mi pozo espiritual puede ayudar a otro creyente, y debería hacerlo, pero también deberíamos animarnos unos a otros a aprender a beber de nuestro propio pozo en el Espíritu. Después podremos usar nuestro pozo interior para calmar la sed de los que realmente lo necesitan: los perdidos.

Luego el versículo 6 dice que "no verá cuando viene el bien". ¿Alguna vez ha conocido a un cristiano así? Parece que no encuentra la bendición en nada, o que siempre tiene un problema que resolver. Incluso cuando recibe una bendición, sólo puede pensar en todos sus problemas. Cuando dependemos de la carne para encontrar respuestas, la Biblia dice que no reconoceremos el bien cuando este llegue. En otras palabras, aunque la respuesta esté delante de usted, ¡no la verá! Me pregunto cuántos milagros y victorias nos habremos perdido porque nuestros ojos estaban tanto en que el hombre viniera a socorrernos, que el poder de Dios nos pasó de largo.

Finalmente, en el versículo 6 dice que la persona que depende de la carne vivirá en un lugar seco. De hecho, en la visión de Ezequiel 47, que trata sobre el pozo del Espíritu Santo, encontramos en el versículo 11 que las tierras pantanosas donde el agua del Espíritu no fluye serán para salinas. La sal habla de juicio y maldición, y también es el lado justo de Dios que demanda un estándar recto y más elevado. Cuando algo se entrega para salina, deja de sentirse refrescado. Dios nos ha dado todas las maneras de evitar una experiencia espiritual seca por el río de poder del Espíritu de Dios que vive en nosotros. En ese río, su justicia (sal) es relajada y aliviada por su misericordia (agua). Cuando dependamos de esas aguas para encontrar las respuestas que necesitamos, encontraremos la vida y el poder. Nuestra relación con Dios estará fresca, y no tenemos que buscar el brazo de la carne que nos sustente.

Sigamos y veamos las cosas maravillosas que la Biblia dice que ocurrirán haciendo de la vida en el Espíritu nuestra manera de vivir. Jeremías 17:7-8 dice: "Bendito el varón que confía en Jehová, y cuya confianza es Jehová. Porque será como el árbol plantado junto a las *aguas*, que junto a la *corriente* echará sus raíces, y no verá cuando viene el calor, sino que su hoja estará verde; y en el año de sequía no se fatigará, ni dejará de dar fruto" (énfasis añadido) ¡Qué pasaje tan poderoso! Este es el resultado de confiar en lo que Jesús dijo que saldría del pozo de su espíritu (Juan 7:37-39). Dice que echará raíces, lo cual significa estabilidad y seguridad. Cuando el calor de la vida llegue a su vida, ni siquiera lo notará. ¿Suena como algo realista? La Biblia dice que es posible, y dice que usted ni tan siquiera tendrá temor de la sequía cuando ésta venga. ¿Por qué? *Porque tiene una fuente interna de vida que fluye del Espíritu del Dios vivo, y a Él no le cambia ninguna estación seca.*

Si su confianza en las respuestas está siempre en la tierra, será susceptible a la sequía, pero si sabe que lleva una fuente interna de agua poderosa, ¡no hay por qué tener miedo! Por eso el versículo termina diciendo que nunca dejará de dar fruto.

¿Cómo podríamos dejar de dar fruto si nunca estamos secos? En esa atmósfera usted disfruta bendición tras bendición, llegan las respuestas a las oraciones y oye la voz de Dios. Los dones del Espíritu funcionarán para usted, y el poder fluirá a través de sus manos. Por los cuatro costados no podrá hacer otra cosa que dar un fruto poderoso.

## Placer de la conexión de la carne

La otra razón por la que seguimos conectados a nuestra carne es para satisfacer el placer natural. Eso no significa que Dios no quiera que disfrutemos de la vida físicamente. La Biblia dice en 1 Timoteo 6:17 que Dios nos da todas las cosas abundantemente para disfrutar. El placer de la carne se hace pecaminoso cuando quiere apartarnos de la vida en el Espíritu. La Biblia dice en Gálatas 5:17: "Porque el deseo de la carne es contra el Espíritu, y el del Espíritu es contra la carne; y éstos se oponen entre sí, para que no hagáis lo que quisiereis". Nuestra carne está constantemente intentando sacarnos del río del Espíritu porque nos hace sentir que se está más cómodo en la orilla. Estoy segura de que cuando Pedro estaba de pie sobre el agua en la tormenta, no estaba tan cómodo como los otros once que estaban en la barca. La carne siempre quiere la comodidad y el placer, y una vez que probamos algo que nos gusta, es difícil vivir sin ello.

Una manera en que nuestra carne nos saca del río del Espíritu es haciendo que nos cansemos. Se está muy a gusto tumbado en la cama unas horas más por la mañana en vez de levantarse y orar. ¡Puede llegar a ser difícil! Mi boca normalmente está atascada de dormir, ¡y es un reto hacer que se mueva! Después, si no tenemos cuidado, desarrollamos el hábito de dormir hasta tarde y no orar. Hay muchas formas en que el deseo de placer de nuestra carne nos sacará del Espíritu. El versículo en Gálatas 5:17 dice que tirará tanto de usted que casi no podrá resistirlo. Dice: "para que no hagáis lo que quisiereis".

Hábitos, pecados, adicciones, distracciones, dinero, ocupaciones... todas estas cosas nos mantienen conectados a un estilo de vida carnal. Muchos de nosotros en verdad no queremos vivir de manera carnal; es tan sólo que el tirón de la carne es tan fuerte que a veces cedemos ante él. El apóstol Pablo trató con la lucha contra su propia carne en Romanos capítulos 7 y 8. En la última parte del capítulo 7, habla sobre el difícil reto de intentar hacer lo correcto, pero luego en Romanos 8:1, nos da una solución clave: "Ahora, pues, ninguna condenación hay para los que están en Cristo Jesús, los que no andan conforme a la carne, sino conforme al Espíritu". Después en Gálatas 5:16, lo reitera diciendo: "Digo, pues: Andad en el Espíritu, y no satisfagáis los deseos de la carne".

La respuesta para tratar con la carne parece tan simple que es casi decepcionante. La única manera de vencer los deseos de nuestra carne es cortarlos estando conectados al río del Espíritu Santo. Note que dice que si escoge caminar en el Espíritu *no* satisfará los deseos de la carne. En otras palabras, haciendo cosas espirituales como orar en lenguas y leer la Biblia regularmente, automáticamente no se verá tan atraído por los placeres carnales. El Espíritu comienza a vencer, ya que su naturaleza es de carácter sobrenatural. Esto se debe a que el pozo de su espíritu se hace más fuerte, y su poder comienza a fluir sobre los deseos de la carne.

Sin embargo, no puede pretender orar y leer rápidamente la Biblia mientras su carne está siendo tentada. Necesita hacerlo cuando no esté siendo atacada, y hacer un hábito de ello. Luego, cuando el diablo coloque una tentación delante de usted que su carne normalmente disfrutaría, tendrá un torrente de agua espiritual de la que extraer y en la que zambullirse. No es nada más ni nada menos que el poder milagroso de Dios en usted.

A diferencia de Pedro, que se hundió cuando no sintió que

podía depender del agua, podemos vencer nuestra dependencia de las cosas carnales sacando del Espíritu Santo que tenemos dentro. Pedro debió haber aprendido la importancia de sacar del pozo del Espíritu como la respuesta para tratar con la carne. Más tarde escribió sobre los que dependen de la carne como su fuente en 2 Pedro 2:10-17, diciendo: "y mayormente a aquellos que, siguiendo la carne...Estos son fuentes sin agua". Su conexión con la carne les hizo salir del río del Espíritu, dejándolos secos. Al sacar continuamente del pozo de nuestro interior, la inundación del Espíritu cortará la conexión de la carne y nos hará cristianos sobrenaturales.

### ¿Hay algo más que agua?

Leemos en Mateo 14:30 que cuando Pedro comenzó a hundirse, empezó a clamar y a gritar. En un instante, ya no quería hacer eso; ¡la experiencia de caminar sobre las aguas había terminado! Como muchos de nosotros, probablemente quería hacer otra cosa; no sé si quería escapar y comer algo o irse a dormir. Quizá estuvo despierto toda la noche pensando en lo que le había ocurrido. La verdad es que no lo sabemos con certeza, pero de lo que sí podemos estar seguros es que durante algún tiempo se le quitaron las ganas de volver a tener otra experiencia pasada por "agua".

Esta es una respuesta común cuando sentimos que hemos fracasado en algo o cuando intentamos dar un paso de fe, pero los resultados no salen como esperábamos. Y así es como se encontraba Pedro en ese día. Esperaba caminar sobre el agua y obtener unos resultados satisfactorios tras su experiencia con lo sobrenatural, pero se hundió antes de alcanzar su meta. En ese momento los demás iban a tener constancia de este fracaso porque gritó.

Cuando intentamos caminar en lo milagroso y sentimos

que hemos fracasado, la mayoría de las veces alguien nos oirá. Normalmente comenzamos a hablar de nuestra frustración, y lo primero que comenzamos a decir es: "Recuerdo una vez en la que oré por algo así y no me fue muy bien". Tendemos a quejarnos, hablar de ello y gritar, lo verbalizamos al igual que Pedro. Normalmente puedo saber cuándo la gente no se ha preparado para confiar en el poder de Dios que tiene dentro por su manera de hablar. Tarde o temprano hablarán de sus luchas más que de sus victorias. Para la mayoría de nosotros, cuando comenzamos a clamar al Señor por nuestra frustración, nuestra siguiente acción normal es decidir que ya no volveremos a intentar funcionar en la unción de "caminar sobre el agua", y queremos cualquier otra cosa excepto el agua.

No siempre es fácil aprender a salir y caminar en el poder de Dios. Los hijos de Israel comenzaron a seguir al Señor al salir de Egipto con un comienzo sobrenatural muy poderoso, pero se frustraron con la manera en que fueron guiados. Números 21:4 dice: "Después partieron del monte de Hor, camino del Mar Rojo, para rodear la tierra de Edom; y se desanimó el pueblo por el camino". Hay dos razones principales por las que buscamos cualquier otra cosa que no sea el agua del Espíritu cuando nos sentimos desanimados.

### Razón 1: "¿Por qué fracasé?"

Quizá Pedro preguntó: "¿Por qué fracasé? ¿Qué es lo que hice mal?". Probablemente hizo como la mayoría de nosotros, que cuestionamos las cosas. Cuando no recibimos sanidad o el milagro que esperábamos, comenzamos a preguntarnos por qué. Yo he tratado con varias personas que han orado, y quizá alguien a quien amaban murió igualmente o algo en concreto no salió bien, y esas situaciones les dejaron desilusionados.

En una ocasión, estaba hablando con el Señor acerca de la situación de una persona, y el Señor me dijo algo poderoso. Dijo esto: "¿Alguna vez te han preguntado algo tus hijos que tú como madre no podías responderles en ese mismo momento?". Yo dije: "Sí, Señor, claro". Obviamente, como padres, no podemos decirles a nuestros hijos todo lo que quieren saber porque no son lo suficientemente maduros para manejar algunas de las respuestas a la pregunta que hicieron. Intentamos darles la versión tipo guardería, pero eso no siempre les deja satisfechos, sino que suscita incluso más preguntas cuyas respuestas son demasiado complicadas para que las entiendan a su edad, aunque tratemos de explicárselo. Algunas veces he tenido que decirles francamente a mis hijos que les estaba dando todo lo que podía y que entenderían más y mejor cuando fueran un poco más mayores.

En este caso, el Señor me estaba revelando que, como nuestro Padre celestial, no puede decirnos todo sobre nuestra situación, porque si lo hiciera, no seríamos lo suficientemente maduros para manejar todo el contenido espiritual del asunto. O bien sería demasiado para soportarlo, o bien no lo entenderíamos. Sólo serviría para confundirnos más como hijos de Dios que están creciendo en su entendimiento de las cosas espirituales. Ahora bien, eso no significa que tengamos que esperar hasta que lleguemos al cielo para obtener las respuestas, sino tan sólo que Dios quiere que crezcamos un poco más para que podamos manejarlas.

Desde que recibí esta revelación, siempre animo a la gente a que, si han pasado por una situación trágica o desalentadora y sienten que el milagro no se ha manifestado, no se salgan del agua cuando no sepan muy bien por qué parece que todo es un fracaso. Quizá Dios no puede responder por qué a todo ahora mismo, pero a medida que usted crezca y se acerque más a Dios, llegará el día en que las respuestas comenzarán a aclararse. Si se enoja y decide que nunca más caminará sobre el agua, entonces quizá Dios nunca pueda darle las respuestas.

Mientras miraba a esta persona a quien le parecían ir mal las cosas a pesar de sus oraciones, vi que, con el tiempo, Dios comenzó a desplegar lo que esta persona necesitaba saber. Hoy está experimentando lo sobrenatural y viviendo en victoria total, así que aun cuando haya preguntas sin respuestas, no deje de confiar en que el agua del Espíritu obrará a través de usted. Crea que, a pesar de todo, sigue albergando el poder milagroso de Dios. No reemplace la unción del Espíritu Santo buscando otra cosa. Puede que Pedro fracasara al caminar sobre el agua, pero llegó el día en el que aprendió a funcionar bien en el poder del Espíritu Santo porque no abandonó.

**Razón 2: Ya no es emocionante beber el agua.**

La otra razón por la que mucha gente deja de funcionar en el Espíritu es porque han estado en la iglesia y en las "cosas espirituales" durante tanto tiempo que están aburridos. Al ser humano le encanta ver cosas nuevas todo el tiempo. Nos gusta asombrarnos y entretenernos. Sepa que caminar en lo sobrenatural no siempre es entretenido, ya que a veces es una verdadera guerra espiritual por conseguir lo mejor que Dios tiene para su vida. Tiene que luchar por ello, y de hecho, los milagros de la Biblia a menudo produjeron persecución.

Cuando la gente se aburre con un compromiso diario de orar en el Espíritu, leer la Biblia o declarar la palabra del Señor, puede ser que no tenga un verdadero compromiso con ello. Es principalmente porque usar el pozo de su espíritu es algo que usted tiene que hacer. Sólo un pequeño porcentaje del poder del Espíritu son los milagros y la gloriosa alabanza que a todos nos gusta en el ministerio colectivo de una conferencia o una cruzada. La mayoría de nuestro poder espiritual se cultiva cuando estamos solos, y es aquí donde la gente se aburre. La mayoría de nuestra adoración a Dios se hace a solas y sin la ayuda de músicos, solamente usted y Dios y su voz. En estas circunstancias, el "agua espiritual" puede empezar a sentirse no como la opción que uno hubiera elegido para beber. No siempre es emocionante, así que queremos otra cosa que no sea agua.

Ahora bien, dije antes que tenemos que ser rápidos a la hora de fluir con el Espíritu Santo cuando Él se mueve rápido, o correremos el riesgo de quedarnos atascados en el pasado. El otro lado de esto es que algunas personas están tan ocupadas saltando de cosa en cosa en el Cuerpo de Cristo, que dejan de caminar en un día a día estable usando su pozo. Si eso ya no les entretiene, se aburren con ello porque asocian las cosas sobrenaturales de Dios con lo espectacular. Lo que tenemos que recordar es que lo sobrenatural a menudo comienza con las cosas cotidianas, y muchos no quieren caminar por esta fase. Piense en Jesús naciendo en un pesebre. Algo tan cotidiano y modesto fue el mayor milagro de la tierra. No puede reemplazar lo genuinamente sobrenatural por esperar lo espectacular. Si lo hace, podría terminar siguiendo algo incorrecto para seguir entretenido.

En vez de extraer diariamente de su pozo de agua, algunos cristianos están ocupados intentado entrar en "lo último" que está sucediendo en el cristianismo. Participar en esas cosas es bueno, pero tiene que beber diariamente de su propio pozo o no vivirá estable como cristiano, y siempre necesitará un "estímulo" espiritual para mantenerle en movimiento. Es como la diferencia entre comer judías verdes y beber un batido de leche. Algunos cristianos sólo quieren ir de sitio en sitio bebiendo batidos de leche espirituales, viviendo en un estímulo de azúcar espiritual. Escuche, a mí también me encantan los batidos de leche, pero sé que para mantenerme saludable como creyente necesito judías verdes espirituales y una dieta diaria que me haga estar fuerte y libere la unción que está en mí. Puede que no siempre quiera comerlo o incluso masticarlo, pero al final es lo que me hará caminar de forma coherente y segura en la unción en cada situación.

A esto se le llama vivir del pozo de su espíritu cada día. Puede que no le parezca emocionante, entretenido o incluso que sepa bien a veces el hecho de tener que sacar el mismo agua cada mañana, pero será lo que le situará para las cosas verdaderamente sobrenaturales de Dios. En el Antiguo Testamento, los hijos de Israel se cansaron del maná que Dios les daba, se aburrían de ir cada mañana con las mismas cestas, a los mismos campos y tener que caminar recogiendo la misma extraña comida que tenían que comer cada día. ¿Se acuerda cómo comenzaron a protestar por el maná y a pedir codornices para comer (Números 11)? Imagine que usted va al supermercado y lo único que tienen en los estantes es: ¡cereales corn flakes de Kellogs! Los cereales están buenos, pero si tuviera que comérselos para desayunar, comer y cenar durante muchos días, puede que le dejaran de gustar los cereales.

Esto es lo que le ocurre a mucha gente con el agua espiritual dentro de ellos. Dejan de usarla porque es muy trabajoso de llenar, sacar y usar, y al hacerlo una y otra vez se convierte en algo rutinario, perdiendo su sabor y emoción, con lo cual prefieren hacer otra cosa y después dar un trago del pozo de otra persona cuando tengan sed.

Cuando Pedro vio que se hundía en el agua, clamó y estuvo listo para abandonar. Usted no tiene que abandonar. Sí, se necesita compromiso para depender del Espíritu de Dios que está en usted. Sí, se necesita una dedicación diaria para sacar del pozo. Quizá se despierte algunas mañanas y clame porque parece que no está sucediendo nada; sin embargo, siga sacando del pozo y finalmente aprenderá a caminar en base a su propia provisión de agua espiritual.

## ¡No puedo, Señor, sálvame!

Tan pronto como Pedro sintió que no iba a tener éxito caminando por el agua, le pidió al Señor que le salvara. Yo también he realizado algunas de estas oraciones desesperadas, esas en las que uno se pone de rodillas incluso antes de haber llegado a la habitación y se desliza por la habitación gritando: "Señor ¡sálvame!". ¿Alguna vez ha dicho: "Ya no puedo seguir haciendo esto"? A veces puede sentir que tiene tan poca unción que quiere dejarlo todo. No quiere orar en el Espíritu ni confesar la Palabra de Dios, ¡tan sólo quiere que *por favor* Dios haga algo ahora!

En Mateo 17:14-21, los discípulos de Jesús acudieron a Él con una de estas situaciones. Habían intentado realizar un milagro y echar un demonio de un joven que estaba poseído. Sin saber qué hacer, y probablemente con los discípulos presentes, el padre decidió llevar al niño a Jesús en uno de esos momentos de tipo "Señor, sálvame". Esta historia me hace reír porque uno pensaría que Jesús respondería con la manera normal que esperamos que nos responda cuando llegamos con un "Señor, sálvame". Esperamos que nos dé una palmadita de entendimiento en la espalda y que nos diga con sus ojos de amor: "Mi dulce hijo, sé cómo te sientes". Pero no fue así como Jesús respondió a los Doce, ¡nada parecido! En el versículo 17, dijo confiadamente: "¡Oh generación incrédula y perversa! ¿Hasta cuándo he de estar con vosotros? ¿Hasta cuándo os he de soportar? Traédmelo acá".

¡Qué vergüenza! Ellos eran los líderes del ministerio de Jesús, delante de una multitud de gente, y Jesús hace esta declaración en su momento de desesperación. ¡Básicamente estaba diciendo que estaba cansado de aguantarles! Ahora bien, esta no fue la única ocasión en que Jesús respondió de esta manera ante los momentos de aparente fracaso de sus discípulos a la hora de utilizar el poder sobrenatural ante un problema. De hecho, cuando Pedro comenzó a hundirse en el agua anteriormente en Mateo 14, Jesús respondió de forma similar. Me hace preguntarme cómo nos responde a menudo el Señor cuando intentamos lanzarnos en fe y luego abandonamos. ¿Por qué motivo cambiaría Él con nosotros?

Anímese, no está todo perdido. Jesús no estaba intentando patearles mientras ellos estaban hundidos, y Él no está intentando patearnos a nosotros tampoco cuando estamos un poco hundidos, sino que Jesús estaba intentando hacer que siguieran usando su unción en vez de acudir a la fórmula "Señor, sálvame".

Pero hay un elemento bastante clave que quiero que vea. En ambos relatos, Mateo 14 con Pedro y el agua, y Mateo 17, con los discípulos y el demonio, Jesús fue y les salvó en ambas ocasiones. Sin embargo, ambas veces les corrigió por su actitud de "no puedo". Si, Jesús ayudó a Pedro a volver a la barca, y sí, ayudó a los discípulos a expulsar al demonio, pero eso no es lo que quería hacer. Lo que Él quería era que ellos usaran su propia fe y el poder que Él ya les había dado; y no sólo lo quería, sino que también esperaba que ellos lo usaran precisamente en medio de su adversidad.

Después, en Mateo 17:20-21, Jesús les enseñó una lección muy valiosa sobre manifestar el poder de Dios cuando preguntaron por qué no pudieron hacer el milagro. He leído estos versículos muchas veces, y quizá usted también, pero quiero que los vuelva a leer muy cuidadosamente para ver la respuesta de Jesús. Dijo: "Por vuestra poca fe; porque de cierto os digo, que si tuviereis fe como un grano de mostaza, diréis a este monte: Pásate de aquí allá, y se pasará; y nada os será imposible. Pero este género no sale sino con oración y ayuno". Jesús les enseñó cinco cosas poderosas que nos ayudarán a entender por qué parece que la unción no está actuando y cómo usarla, para que no estemos continuamente gritando: "Señor, sálvame", sino que, en cambio, podamos levantarnos en el poder del Espíritu.

1. *Su incredulidad.* Los discípulos no pensaban que tenían el poder para hacerlo, así que abandonaron, como lo hizo Pedro y como a menudo también nosotros lo hacemos.

2. *No dejar que su fe crezca.* El versículo dice: "Si tuviereis fe como un grano de mostaza...". Los granos crecen. Al principio parece que no sirven para nada y pueden dar la impresión de no estar produciendo nada, pero si los mantiene en la tierra, crecerán. Los discípulos no dejaron que su fe siguiera creciendo en el poder de Dios que poseían, y en su lugar abandonaron cuando todo parecía ser un fracaso.

3. *No declarar nada.* "Diréis...". Jesús dijo que teníamos que decir algo. Quizá los discípulos no estaban hablando, o, de lo contrario, probablemente Jesús no hubiera sacado este tema. Dijo que hemos de hablarle al problema, y no hablar a Dios sobre el problema. Ese es el problema en que cayó Pablo con su aguijón en la carne (2 Corintios 12). Él quería que el Señor le salvara. Jesús dijo que hay que hablar a la montaña para que se mueva, y no gritar: "Señor, sálvame".

4. *No creer que "nada os será imposible".* Note que dijo: "...os será", lo cual significa que usted tiene el poder en su interior para hacer lo imposible. ¿Está viviendo hoy una situación imposible? Usted puede vencer si cree que el Espíritu de Dios dentro de usted es poderoso para hacer lo imposible.

5. *No mantener un estilo de vida regular de ayuno y oración.* "Este género no sale sino con oración y

ayuno". Ya sea que se refiriese al demonio en sí o a
cualquier montaña en su vida, se necesita oración
y ayuno regularmente para que su río se mantenga
fluyendo y activo en los momentos de su vida en los
que tenga que depender de él.

Jesús no hubiera ayudado a sus discípulos si no hubiera atendido a sus sentimientos durante el momento de su fracaso. No es
que al Señor no le importe si estamos o no heridos, frustrados
o sintiendo que somos un fracaso, sino que su motivo es que
quiere que nos levantemos desde el pozo de nuestro espíritu y
dejemos que el río de la unción inunde la situación que estamos
viviendo para que no sigamos luchando.

La verdadera compasión de Dios radica en el hecho de que Él
no quiere que usted sucumba al fracaso. Él no lo permitirá, no
cuando le ha dado todo lo que Él tiene para que resida dentro
de usted, y quiere que usted se levante, camine sobre el agua del
Espíritu, eche fuera demonios, mueva montañas y viva fuerte del
pozo de la unción que recibió cuando fue lleno con el Espíritu
Santo.

Me encanta lo que finalmente Jesús le dijo a Pedro en Mateo
14:31: "...¿Por qué dudaste?". Mi primera respuesta a esto es:
"Señor, ¿no ves que Pedro dudó como consecuencia de todo lo
que le rodeaba? Jesús *nunca* le dijo a Pedro que debería haber
tenido al menos una razón válida para dudar de la unción ni por
un segundo. Tampoco felicitó a Pedro por haberlo intentado. Por
la falta de preocupación de Jesús, era como si para Él no existiera
el viento tempestuoso, un punto discutible. Creo que Jesús sabe
algo sobre el poder *dunamis* de Dios que nosotros no sabemos. Él
sabe que funcionará, sin importar lo que esté soplando a nuestro
alrededor, ¡y ese poder *dunamis* ha sido descargado en nosotros!
¡Gloria a Dios!

## ¡Claro, ahora el viento se calma!

Finalmente, en el versículo 32 de Mateo 14, la historia de la increíble experiencia de Pedro de caminar sobre la unción termina con: "Y cuando ellos subieron en la barca, *se calmó el viento*" (énfasis añadido). Jesús no sólo rehusó reconocer ante Pedro que realmente el viento estaba soplando muy fuerte antes, pero ahora que el viento era más favorable para que Pedro tuviera éxito estaban en la seguridad de la barca. ¡Qué injusto! Claro, ahora que hubiera sido más fácil, y tras haber salido él del agua, el viento dejó de soplar. ¿No es así como son las cosas? Cuando usted está viviendo en la cima espiritualmente y siente que puede vencer a cualquier demonio del infierno, no hay nada soplando en su vida. Justamente cuando se siente listo para confiar en la unción y caminar sobre el agua, todo va a las mil maravillas.

Sin lugar a duda, el viento cesó en el versículo 32 tan pronto como salieron del agua, sólo para aclarar un gran punto espiritual. Usted y yo necesitamos saber cómo confiar en el río de nuestro espíritu cuando la tormenta está soplando, porque es entonces cuando usted lo necesita. Si no aprende a usarlo bajo presión, cuando quiere caerse y morir, nunca sabrá de verdad lo que significa vivir por el pozo de su propio espíritu. Ahí es donde está la unción, y ese es el lugar para que ocurran las mayores cosas sobrenaturales.

Quiero animarle a levantarse hoy y a pisar delante del diablo. Dígale que no va a tirar la toalla. Dígale que se niega a salir del río del Espíritu Santo. Usted es un vaso ungido del Altísimo, capacitado con su Espíritu. Jesús está ahí de pie viendo como usa usted su equipamiento, y sabe que usted puede hacerlo. Adelante, profetícese a usted mismo. Grite en otras lenguas. Declare la Palabra de Dios y ordene que desde su interior se produzcan milagros. Jesús no dejará que se hunda, sino que le animará a permanecer firme en la superficie del agua estable que sale de usted. Puede vivir del pozo de su espíritu hoy, pero, independientemente de lo que haga, no se salga del río.

## Capítulo Siete

# LA ORACIÓN QUE
# PRODUCE MILAGROS

TODO EL MUNDO tiene una preferencia distinta cuando se trata de la oración y cómo él o ella sienten que es la mejor forma de conectar con Dios. En este capítulo, quiero explorar algunas expresiones de oración que le ayudarán a sacar de la unción de su interior. Usted se animará en extremo y recibirá una confianza renovada de que está siendo eficaz en sus oraciones. Lo importante es recordar que no es bueno que su vida de oración se convierta en una rutina, dejando así de crecer y cambiar. Lo que usted necesita es que su vida de oración esté fresca, que sea emocionante e incluso explosiva en el Espíritu. Todos queremos que nuestras oraciones sean eficaces, y todo el que esté lleno del Espíritu tiene la unción para tener oraciones poderosas que produzcan milagros.

Podemos llegar a lugares en oración donde simplemente fluyen, no tenemos que forzarlas. Nuestras oraciones incluso se pueden convertir en proféticas en naturaleza. Lo que quiero decir con esto es que se convierten en el corazón del Espíritu Santo derramándose a través de sus palabras y expresiones. No tiene que pensar en qué orar; las oraciones comienzan a fluir de usted, sus palabras de oración y el corazón del Espíritu comienzan a "encajar", convirtiéndose en un sólo corazón y un fluir unificado.

Aparte de Jesús, uno de los hombres de la Biblia en el que

pensamos cuando se trata de la oración es el profeta Elías. De su vida aprendemos algunos principios de oración increíbles sobre cómo la oración puede salir del río de nuestro espíritu. Veamos algunas características sobre la manera en que él oraba que podamos usar para mejorar nuestra propia vida de oración sobrenatural. Santiago 5:16-18 dice: "La oración eficaz del justo puede mucho. Elías era hombre sujeto a pasiones semejantes a las nuestras, y oró fervientemente para que no lloviese, y no llovió sobre la tierra por tres años y seis meses. Y otra vez oró, y el cielo dio lluvia, y la tierra produjo su fruto".

Hay cuatro ingredientes principales en estos versículos, los cuales, si los añade a su vida de oración, le mantendrán edificándose en oración y le ayudarán a conectar con el poder de Dios dentro de usted. Necesitamos todas ellos, no sólo algunos, para que nuestras oraciones sean ungidas y fluyan. Las enumeraré brevemente aquí y luego los estudiaremos a lo largo del capítulo.

1. Precisión—oración "eficaz"
2. Expresión—oración "ferviente"
3. Intimidad/relación—"hombre justo" y "pasiones semejantes"
4. Coherencia—"oró fervientemente" y "otra vez oró"

## Precisión en el blanco en la oración

Hace varios años, estábamos en una reunión de oración en nuestra iglesia, orando para que el Señor usara el ministerio de manera más eficaz para tocar vidas en nuestra ciudad. El Señor nos dirigió a comenzar a orar de tal forma que nuestras oraciones tuvieran la precisión para dar "en el blanco". Sabíamos que el Espíritu Santo quería desarrollar oraciones específicas que fueran a ser como instrumentos de guerra espiritual orientados a edificar ciertas partes clave de la visión de la iglesia. Estábamos preparando el camino para que ocurriera. Tenía que ver con Isaías 49:2-3: "Y puso mi boca como espada aguda, me cubrió con la sombra de su mano; y me puso por saeta bruñida, me guardó en su aljaba; y me dijo: Mi siervo eres, oh Israel, porque en ti me gloriaré".

Tras ese tiempo de oración, nos sorprendimos del número de victorias que experimentamos en nuestro ministerio. Como creyentes, a veces oramos al azar, tan sólo repitiendo cosas, sin realmente pensar en lo que estamos diciendo. Para tener oraciones eficaces, nuestra oración debería estar calculada con precisión bíblica y guiada por el Espíritu. Este tipo de oración es como una espada en el Espíritu. Salen despedidas, y algo "encaja" cuando usted las hace. Es una de esas veces en que sabe que alcanzó el blanco de la diana y no se va preguntándose si recibió la respuesta. Dios quiere que nuestra boca, nuestras oraciones, sean como espadas afiladas.

En Santiago 5:16 vemos la palabra *eficaz*. Este versículo nos dice que es la oración eficaz la que puede mucho. Otra versión de la Biblia lo dice con otras palabras, como la oración que hace que esté disponible un poder tremendo. Yo quiero tener un poder tremendo disponible en mis oraciones, ¿y usted? La oración eficaz es una oración precisa orientada a la diana que se hace con acción. En griego, es la palabra *energeo*, que significa ser "eficiente, lleno de energía, y mostrar actividad para obrar". En otras palabras, cuando usted oye a alguien orar con una oración eficaz, no tiene duda de que está funcionando porque hay energía tras ella. Puede sentir poder en ella al igual que cuando enciende una bombilla, ya que obviamente puede decir si la bombilla está encendida o no.

Una parte de tener una oración que funciona es orar con precisión según la Biblia. En vez de orar simplemente lo que piense y sienta, es necesario encontrar cuál es la voluntad de Dios para la situación y alinear todas sus oraciones con eso. Por ejemplo, si todas las partes y filamentos de una bombilla no están puestos con precisión en su interior, no funcionará cuando usted intente encender la luz. La oración funciona igual. Dios tiene una manera en concreto de pensar cuando se trata de las cosas en nuestras vidas. Y tenemos que alinearnos con ellas. Él no se tiene que ajustar a nosotros, sino que somos nosotros los que hemos de ajustarnos a Él.

El mejor ejemplo es cuando se trata de la oración por sanidad física. Quizá se siente horrible físicamente y quiere gritar al Señor acerca de las cosas malas que le están ocurriendo. Sin embargo, una manera más eficaz de orar es descubrir cuál es la promesa del Señor acerca de la sanidad en base a las Escrituras y orar en acuerdo con Dios. Es como tener una bombilla que funciona en vez de una que está fundida. Eso no significa que no pueda clamar al Señor en tiempos de adversidad, porque las Escrituras hablan de muchas personas que clamaron a Dios así. Lo que necesita, para tener precisión en la oración, es poner el enfoque de su oración en la confianza en Dios y en sus promesas.

Cuando hace de esta forma de orar un hábito cada vez que ore, aprenderá una forma de oración del río de su espíritu. Se conecta a la forma del Espíritu Santo, la fuente de poder en usted, porque ahora está de acuerdo con la opinión del Señor. En vez de intentar nadar a contracorriente, está fluyendo *con* la corriente. Recuerde que cuando el poder del Espíritu Santo fluye de usted como un río, contiene milagros, bendiciones y respuestas a las oraciones. La oración precisa le ayudará a fluir en todas estas cosas.

De repente, en vez de orar de forma aleatoria, con oraciones desconectadas, estará tomando de la bendición que Dios ya ha puesto en el río de su espíritu, y contará con una nueva energía y confianza en su vida de oración. Esto le impedirá sentir que siempre está yendo cuesta arriba, dándole un resultado decisivo porque está apuntando a lo que necesita con lo que Dios ya le ha prometido.

## ORACIÓN EXPRESIVA QUE DESATA

Santiago 5:16 también usa la palabra *ferviente*. Esta palabra viene de la misma palabra griega que *eficaz* (*energeo*), pero tiene otro aspecto para describir este tipo de oración. *Eficaz* tiene la connotación de una oración que actúa de manera activa, mientras que *ferviente* es la parte de la palabra que muestra expresión. En lo personal, ¡me encanta la oración expresiva y activa! Uno no se duerme con este tipo de oración.

Por alguna razón, en la mayor parte del cristianismo hemos creado un estilo de oración muy tranquilo, callado y casi inmóvil y hemos hecho de él la expresión más común. Esta es una forma legítima de expresar la oración, pero es sólo una de ellas. Hay otras muchas expresiones en la oración, y son más que una mera preferencia o estilo de personalidad. Hay expresiones en oración que aflojan los barrotes de la prisión espiritual, cambian nuestra apariencia y abren los cielos. Tenemos que explorar el lado expresivo de la oración para poder fluir desde el río del Espíritu Santo en cualquier forma que Él quiera manifestarse.

Dios creó la expresión humana con un motivo. Las expresiones faciales, el tono de voz y los movimientos físicos son todas ellas formas en que nos expresamos cada día. A menudo podemos saber lo que alguien está pensando sólo por su expresión. Es como el viejo dicho: "Las acciones hablan más alto que las palabras". Esas acciones podrían ser expresiones que salen incluso cuando no estamos diciendo ni una palabra. De hecho, sus expresiones externas a menudo revelan si verdaderamente está hablando en serio. Las personas podemos decir una cosa con nuestra boca, pero el rostro y el lenguaje corporal pueden desmentirlo, y otros pueden saber que no hablábamos en serio.

La expresión es parte de la vida normal de cada día, y ni siquiera lo pensamos, pero a algunos les cuesta más dar expresiones definitivas en la oración. Es como si sintiéramos que la oración expresiva pudiera incomodar a Dios porque piense que no es algo reverente, pero olvidamos que Él es un Dios expresivo, es el creador de la expresión externa, y no quiere que acudamos a Él de una forma apagada e inexpresiva. Casi todos los ejemplos de oración y adoración en la Biblia eran muy expresivos, contenían emociones, y había acciones corporales involucradas.

Como dije anteriormente, a Dios no le da miedo la oración aunque a veces se haga a un volumen alto. La mayoría de las oraciones de la Biblia eran en voz alta o muy expresivas, con alguien tumbándose en el suelo postrado, aplaudiendo, danzando, alzando sus manos o incluso gritando. Jesús oró tan intensamente en el huerto de Getsemaní que su sudor se convirtió en sangre (Lucas 22:44). Yo creo que eso no sólo fue un retrato de lo que Jesús estaba a punto de hacer al verter su preciosa sangre, sino que también fue algo que creó la intensidad de sus oraciones. Hebreos 5:7 dice: "Y Cristo, en los días de su carne, ofreciendo ruegos y súplicas con gran clamor y lágrimas al que le podía librar de la muerte". En otras palabras, Él ofreció una oración intensa y ferviente.

Elías fue un hombre de oración ferviente e intensa. Hacía muchas cosas cuando oraba que revelaban que sus oraciones no eran sólo sinceras sino también oraciones fervientes y eficaces. En una ocasión, su forma expresiva y ferviente de orar no sólo detuvo la lluvia durante tres años, sino que también desató los cielos hasta que llovió. En 1 Reyes 17:1, la Biblia dice que Elías le profetizó a Acab que no llovería. Aunque estaba hablando la palabra del Señor, la Biblia dice que oró de manera expresiva para que sucediera. Santiago 5:17 dice: "Y oró fervientemente para que no lloviese, y no llovió". Esto indica que este poderoso profeta de Dios no sólo profetizó sobre la lluvia, sino que también *oró* para que no lloviera. Cuando dice que oró fervientemente, significa que oró de una forma que no solamente estaba llena de adoración y era expresiva, sino también continua.

Algunas traducciones indican que siguió orando para que no lloviera durante los tres años en los que la lluvia estuvo detenida. Por eso, aunque se haya profetizado algo, la oración debe seguir fluyendo y estar involucrada para producir el resultado deseado.

Ahora observe cómo oró para que lluvia regresara en 1 Reyes 18:41-42. "Entonces Elías dijo a Acab: Sube, come y bebe; porque una lluvia grande se oye. Acab subió a comer y a beber. Y Elías subió a la cumbre del Carmelo, y postrándose en tierra, puso su rostro entre las rodillas". Su misma forma expresiva en la oración ahora se revela al verle orando con su cabeza entre las rodillas. No da la impresión de que esta forma de oración sea inmóvil y reservada, sino que parece ser una forma de orar muy demostrativa, tanto que la Biblia se molesta en detallarla.

Elías también oró de una forma expresiva y demostrativa cuando oró por el hijo de la viuda de Sarepta en 1 Reyes 17:17-22, el cual había muerto. El profeta tomó al hijo muerto de la mujer y lo puso sobre su propia cama. Comenzó a clamar al Señor de una forma casi enojada y frustrada, y después se tendió tres veces sobre el cuerpo del niño, diciendo: "Jehová Dios mío, te ruego que hagas volver el alma de este niño a él". La Biblia dice que el Señor escuchó y el niño revivió. Estoy segura de que para el lector promedio de este relato, sus actos fueron algo muy extraño. Esto es debido a que las cosas del Espíritu pueden parecer extrañas para los que no persiguen las cosas espirituales. Sin embargo, este profeta de Dios estuvo marcado por las oraciones demostrativas y expresivas.

Eliseo también debió de haber aprendido esta impartición de oración expresiva de su padre espiritual, Elías. Encontramos una historia casi idéntica sobre él cuando también resucitó a un niño de la muerte. En 2 Reyes 4, la mujer sunamita a quien había profetizado que tendría un hijo corrió a él porque su hijo sobre el que había profetizado había muerto.

En los versículos 29-31, Eliseo le dijo a su siervo que colocara su cayado sobre el niño, pero el niño no respondió, así que Eliseo fue a la casa donde estaba tumbado el niño. La Biblia dice en el versículo: "Entrando él entonces, cerró la puerta tras ambos [él y el niño], y oró a Jehová". Ahora bien, no sabemos con seguridad cuánto tiempo estuvo en esa habitación orando, pero vemos que hubo algún tipo de expresión poco común en sus oraciones. En los versículos 34-35, Eliseo fue al niño y se tendió sobre el cuerpo del niño muerto, cara con cara, boca con boca. El cuerpo del niño se calentó, pero aún no se despertó. Finalmente, fue a la casa y caminó hacia delante y hacia atrás y luego regresó y se volvió a tender sobre el niño nuevamente. Esta vez el niño comenzó a estornudar, y se levantó. En este caso, la Biblia no da ninguna referencia de las palabras que salieron de la boca de Eliseo mientras oraba, pero al igual que en la historia de Elías, definitivamente nos dice algo sobre la expresión de las oraciones.

Creo que hay algo significativo en las oraciones fervientes y expresivas. Este tipo de oración le llevará a una nueva dimensión en su vida de oración. Desata cosas, como desató la lluvia cuando Elías oró. La demostración y la expresión son como el carburante tras las palabras, causando que algo en el interior de su espíritu se abra y fluya. Si usted es tímido o está un poco inseguro sobre ser expresivo en la oración, le animo a que practique y se lance en pequeñas maneras en su propia casa. Comience orando de vez en cuando en voz alta, por encima de su tono normal de voz. Comience a caminar alrededor mientras ora. No tiene que gritar, pero pequeños pasos como involucrar a su cuerpo en la oración le liberarán y crearán un nuevo fluir en la oración. Esto es parte de aprender a orar en el río de Dios. La oración ferviente y expresiva desatará el fluir y poder de Dios en usted y abrirá su fe a la unción sobrenatural.

Yo he tenido momentos de oración en los que me he sentado en el sofá orando calladamente, pero luego he tenido que levantarme y he continuado caminando y orando con una voz más alta y más expresión. Hay algo en ello que enciende mi fe y me ayuda a comenzar a creer en mis propias oraciones en una nueva dimensión. La expresión tiene una manera de ayudarle a establecerse sobre lo que usted cree, a pesar de aquello acerca de lo que se esté expresando. Por ejemplo, si asiste a un partido de fútbol y ve la forma en que animan los hinchas, tendrá la sensación de que los que más apoyan a su equipo son los que lo hacen de forma más ruidosa y expresiva. Las expresiones nos ayudan a extraer la fe de nuestros corazones.

## RELACIÓN ÍNTIMA, NO UNA REUNIÓN DE NEGOCIOS

A menudo, la razón por la que nos cuesta crear un fluir de oración donde derramar de la unción del Espíritu es porque muchas personas tratan su tiempo de oración como si fuera una reunión de negocios en el calendario. "De acuerdo, Dios, tengo una hora. Esto es lo que tengo en la agenda para hoy, y espero que lo oigas todo". No hay una relación sincera tras ello, es sólo una lista de oración. No hay nada de malo en tener una lista de oración, pero su oración tiene que ser mucho más que tan sólo completar una lista. La lista de oración de muchas personas es algo así: "Señor, gracias por el día de hoy. Bendice a este y al otro. Ayúdame a hacer lo correcto. Bendice a mi familia, y perdóname mis pecados. Amén". Puede que la oración sea un poco más larga que esta, pero en esencia es igual; parece que estamos recitando un fax o una lista de tareas de la Internet.

Asistí a una gran comida de oración hace muchos años donde un grupo de empresarios y líderes de iglesia tomaban turnos orando por todas las mesas y de manera muy correcta. Durante cuarenta y cinco minutos, el sonido monótono nunca cambió mientras intentaban impresionarse con sus largas listas de peticiones de oración. Las listas "1-2-3" se hicieron cada vez más largas y más monótonas. Se podía sentir cómo las personas no paraban quietas para intentar no dormirse. Yo misma crucé la frontera entre el sueño y la realidad, ¡intentando con todas mis fuerzas luchar contra ello! Estoy segura de que hubo alguna persona que se durmió completamente. Cuando terminó finalmente, se podían oír pequeños gemidos al estirarse la gente, y la sala se llenó de alivio. Ese no fue un retrato de la oración bíblica, sino de una oración religiosa. No había fluir porque no había una verdadera relación o intimidad con Dios, y parecían tan sólo recitales vacíos.

Unos años más tarde estaba en otro retiro de oración con varios ministros, y algunas de las oraciones que se estaban haciendo eran similares a las que acabo de describir, quizá con un poco más de vida pero no mucha. Después, un misionero se levantó y oró por la comida que se estaba sirviendo. Ahora bien, ¡recuerde que era la oración por los alimentos! Esperando que fuera la oración más breve y ensayada de todas, todos juntaron sus manos reverentemente. Sin embargo, cuando este misionero comenzó a orar, lo hizo de manera calmada dándole gracias a Dios por la comida, y luego su oración se adentró en la unción. Comenzó a adorar y a dar gracias a Dios de una forma en la que se podía sentir algo. Su oración salió como una ametralladora. Se podía ver que ese hombre tenía el hábito de conectar con Dios a un nivel sobrenatural. Verdaderamente, fue la primera sacudida que probablemente sentimos en todo el día. Sin embargo, a medida que oraba y su voz se iba elevando y sus palabras salían con más rapidez, se podía sentir cómo la gente se ponía nerviosa e inquieta, porque la gente no está acostumbrada a una oración expresiva como esta, ¡y especialmente a la hora de la comida!

La oración que sale del río de su espíritu sale de una relación viva. Es como cuando está tan emocionado que tiene que contárselo a algún buen amigo. No puede evitar que las palabras y la emoción comiencen a salir de usted. Está muy emocionado de hablar, compartir y recordar momentos especiales. Santiago 5:16-17 de nuevo nos da algunas pistas sobre la parte relacional de la oración que aporta efervescencia a sus oraciones. Sencillamente brotan del fluir de su río.

El versículo 16 usa la frase "la oración eficaz del justo". Este versículo no está intentando indicar que la oración sólo sea poderosa cuando usted es perfecto. Otra versión da la idea de que la oración del corazón de un hombre en buena relación con Dios tiene mucho poder. Es un corazón que está conectado a Dios en una relación. Siempre que una relación entre dos individuos sea buena, es el resultado de una comunicación y amistad continuada. No hay torpeza cuando usted habla con un amigo porque lo hace regularmente y reconoce su voz y sus sentimientos, pudiéndose comunicar con tranquilidad. Así es como Dios quiere que sea nuestra vida de oración: un fluir de una relación que está llena de vida y emoción.

Santiago 5:17 muestra esto mismo aún más cuando dice: "Elías era hombre sujeto a *pasiones semejantes* a las nuestras" (énfasis añadido). Aquí estaba este poderoso profeta que logró tantas cosas increíbles, pero la Biblia dice que no era diferente de nosotros. Lo que hacía que sus oraciones fueran especiales era que eran sinceras y nacían de una relación personal con Dios. Él oraba en serio, y no tan sólo recitaba. Por eso muchos de nosotros nunca encontramos un río o fluir en oración, porque a menudo tan sólo recitamos oraciones en vez de hacerlas en serio. Pero no somos diferentes de Elías, y podemos tener el mismo "trato" con Dios, ¡y ver resultados increíbles en la oración!

Juan 15:5-8 dice: "Yo soy la vid y ustedes son las ramas. El que permanece en mí, como yo en él, dará mucho fruto; separados de mí no pueden ustedes hacer nada. El que no permanece en mí es desechado y se seca, como las ramas que se recogen, se arrojan al fuego y se queman. Si permanecen en mí y mis palabras permanecen en ustedes, pidan lo que quieran, y se les concederá. Mi Padre es glorificado cuando ustedes dan mucho fruto y muestran así que son mis discípulos" (NVI).

Su vida de oración emanará de usted como un río cuando esté construida sobre una relación. No tiene que intentar pensar en lo que dirá, pues las palabras comenzarán a brotar y rebosar de su corazón. Esta es otra dimensión de la oración del pozo de su espíritu. Al igual que Elías, conseguiremos respuestas y resultados en este fluir de oración y unción. Deja de ser sólo palabras, y se convierte en algo que brota y sale desde dentro de usted. Una vez que ocurra, se estará moviendo y fluyendo con el Espíritu Santo, y descubrirá que hay poder detrás de lo que usted dice. Puede pedir lo que desee, y el Señor se lo concederá.

## El chapuzón diario en el río

La siguiente manera de crear un fluir en el río de la oración es a través de la coherencia. Necesitamos un chapuzón diario en los ríos de la oración para estar frescos en las cosas del Espíritu, o de lo contrario, nos secamos y marchitamos, a menudo sin saber que ha sucedido. Por ejemplo, si no se usan regularmente las tuberías de su casa, pueden tener problemas para funcionar correctamente. Las tuberías se pueden llenar de aire, algunas partes se pueden corroer y el agua puede empezar a tomar color o a saber mal. El uso regular hace que las tuberías sigan funcionando bien y que el agua sepa bien.

Lo mismo ocurre con la oración. Note que Santiago 5:18 dice: "Y otra vez oró [Elías]". No oró tan sólo una vez y luego se olvidó de la oración hasta que estaba en algún tipo de apuro. Esta no fue la única ocasión en que oró más de una vez. En la historia del hijo de la viuda, Elías oró tres veces antes de que el niño volviera a vivir (1 Reyes 17:17-22). También encontramos, al estudiar su vida completa, que estaba comprometido con un hábito de oración. Era coherente a la hora de comunicarse con el Señor.

La coherencia en la oración es probablemente el principal ingrediente para que sus oraciones se conviertan en oraciones de "ríos" proféticos; y se debe a que usted edifica sobre el agua. En vez de permitir un lapso de tiempo para secar su tierra, la está inundando con más y más agua espiritual. Así es como hace que sus oraciones pasen de ser pequeños chorritos a ser grandes y desbordantes riadas. Comienza con la coherencia en la oración tanto en su lenguaje natural como en el Espíritu. Es a través del riego abundante en la oración como su vida se inunda con el poder sobrenatural del Espíritu.

Esto es una clave para una de las formas más efectivas de disfrutar de la bendición de Dios en su vida. Disfrutar de la bendición de Dios significa que está teniendo éxito en la oración, y obtiene respuesta a las cosas por las que ora. Lea Proverbios 8:34, que dice: "Bienaventurado el hombre que me escucha, velando a mis puertas cada día, aguardando a los postes de mis puertas". Este versículo nos dice que un compromiso diario en las puertas del Señor es lo que hace que usted le oiga. Usted se hace más sensible a la voz del Espíritu que fluye a través de usted. No cabe duda de que la coherencia en la oración crea un fluir en el río. Es maravilloso dar un trago de agua, pero solamente un trago no es suficiente, ya que un trago ocasional le dejará sediento, pero tragos sistemáticos de agua le mantendrán vivo y fuerte.

## SALAS DE ORACIÓN

Ahora permítame decir que no se trata de la coherencia en la oración en general sino coherencia mezclada con la diversidad en la oración. Es coherencia en las muchas facetas y expresiones de la oración. A veces nos estancamos en un camino o un fluir del Espíritu. Entrénese para entrar en diferentes salas en oración de forma regular. Necesita orar tanto en el Espíritu como con su entendimiento, como dijo Pablo (1 Corintios 14:14-15). Después, también necesita oración de intercesión y guerra espiritual (Romanos 8:26). También hay adoración en oración y oraciones de súplica o ruego (Juan 14:14). Otros tipos de oración conllevan arrepentimiento y compromiso con Dios (Santiago 5:13-17; 1 Juan 1:9).

Necesitamos una dieta equilibrada en nuestra vida de oración. Aprenda a explorar las diferentes "salas" de oración. Hay algo sobre usar la diversidad en su vida de oración que le mantiene bien equilibrado, fuerte y ungido. Es comparable a una dieta bien equilibrada donde obtiene todos los requisitos diarios de vitaminas y minerales. Si lo único que toma en su dieta es brócoli, se perderá algunos nutrientes esenciales. Sí, el brócoli es bueno para usted, pero también necesita otros nutrientes valiosos que se encuentran en otros alimentos. No se estanque en un camino en sus oraciones; entre en diferentes cosas. Algunas oraciones se pueden hacer en voz alta, y otras en voz baja. A veces querrá orar postrado en el piso, mientras que otras veces quizá se siente en el sofá o camine por la habitación. Sea variado.

Al principio puede que sienta que está forzando el fluir, pero con el tiempo verá que puede navegar poderosamente en oración por los ríos del espíritu que Dios quiere sacar de usted. Esta práctica le ayudará a ser más sensible a la unción y a estar mejor preparado no sólo para seguir el mover del Espíritu Santo sino también para reconocer las cosas genuinas de Dios cuando se tope con ellas.

## LA CONFIANZA DESATA LOS RÍOS

Por alguna razón, parece haber algo al abordar con confianza la oración que desata las ríos del Espíritu Santo en usted, ya sea orando en el Espíritu o en su lenguaje de origen. Parece que la unción es atraída por la confianza. La gente confiada, valiente y segura en la oración parece entrar en lugares nuevos en el Espíritu. Obtienen un mayor porcentaje de éxito en la oración que los que adoptan una forma de oración cómoda y "segura". ¿Por qué ocurre esto? Porque creo que la gente confiada en la oración tiende a cultivar un entorno de fe, que es algo clave para que una oración sea contestada.

Esta clave de la oración es lo que creó ese éxito victorioso en la Iglesia primitiva. Las oraciones de la Iglesia primitiva no sólo eran valientes, sino que también los discípulos pedían confianza para su predicación. Se necesita confianza para entrar en las cosas nuevas del Espíritu. La gente tímida que siempre quiere caminar serena a menudo no crecerá en lo sobrenatural ni aprenderá a cultivarlo en sus vidas. Esto no quiere decir que porque una persona ore de manera serena no pueda ser eficaz, sino que hemos de explorar nuevas expresiones de confianza en oración y saber cuándo y qué entornos son adecuados para usarlos.

Mire este versículo en Efesios 3:12: "En él, mediante la fe, disfrutamos de libertad y confianza para acercarnos a Dios" (NVI). Dios quiere que nos acerquemos a Él con una confianza sin reservas; no con una actitud irrespetuosa, sino con fuerza y valor que confían en que usted tiene libre acceso al trono de Dios

(Hebreos 4:16). Eso significa que usted no aborda la oración con una retórica religiosa, sino con la actitud de que logrará algo.

## Cuatro ríos de oración
## que fluyen de usted

Siempre se puede reconocer a la gente que ha aprendido a orar por la fuerza y los ríos de su espíritu. Han aprendido a sintonizar con el Espíritu Santo en su interior. Sus palabras son diferentes y llevan autoridad. Los fariseos notaron que las palabras de Jesús tenían poder: "Y se admiraban de su doctrina, porque su palabra era con autoridad" (Lucas 4:32). Reconocieron que había algo en las palabras de Jesús que era diferente de todo lo demás que habían oído. Sus palabras tenían electricidad, no sonaban como la mayoría.

Este es el elemento que uno nota en la gente que ora desde el río del Espíritu Santo que fluye de su interior. Sus oraciones tienen poder, y a veces incluso asombran a la gente. Cuando usted entra en la oración del río del Espíritu, su sonido cambiará.

Ya hemos examinado cuatro ingredientes necesarios para una vida de oración equilibrada y de éxito, pero ahora tenemos que entrar en los diferentes propósitos o direcciones para los que nuestras oraciones están ungidas. Lo que quiero decir es que cuando usted y yo oramos, el Espíritu Santo tendrá una dirección o enfoque para que nosotros sigamos. A veces ese enfoque se puede aplicar a nosotros o a otra persona, pero siempre habrá una dirección hacia la que el Espíritu quiere señalarnos en nuestro fluir en la oración. Puede que entendamos mejor esa forma de oración como una "unción". Primera de Juan 2:20 dice: "Pero vosotros tenéis la unción del Santo, y conocéis todas las cosas". Este capítulo de 1 Juan está hablando sobre estar ungido por el Espíritu Santo para poder diferenciar la verdad del error. Sin embargo, el punto de enfoque es que tenemos una unción del

Espíritu para saber cómo nos está guiando tanto en la oración como en nuestro diario vivir.

Tenemos la tendencia en nuestras oraciones tanto privadas como colectivas, de establecer la agenda en vez de buscar dirección del río del Espíritu, queriendo decir con esto que no siempre buscamos donde está la unción. Veamos aquí las diferentes direcciones o ríos del Espíritu en los que podemos entrar en oración.

Del libro de Génesis, podemos ver un retrato de cuatro ríos que creo que representan proféticamente la manera en que el Espíritu Santo unge la dirección y el enfoque de nuestras oraciones. Estos cuatro ríos son cuadros proféticos de la unción. En Génesis 2:10-14 encontramos que estos cuatro ríos distintos salían del Edén.

Primero, es importante ver que salían de Edén porque Edén significa "placer" y "deleite". Estos ríos comienzan en el lugar del deleite. Nuestro lugar de deleite es donde el Espíritu de Dios vive en nosotros. Adán y Eva una vez vivieron en un lugar físico de deleite y placer, pero por medio de la llenura del Espíritu Santo, nosotros somos restaurados a ese lugar de deleite y place, o sea, un Edén espiritual por así decirlo.

Saliendo del Edén, estos cuatro ríos se dividían en cuatro cabezas, o cuatro direcciones diferentes. La Biblia nos muestra cuatro direcciones o categorías principales en las que el Espíritu que mora en nosotros quiere que se enfoquen nuestras oraciones. El Espíritu Santo ungirá sus oraciones, independientemente de la expresión o métodos, sobre uno o más de estos ríos. Es importante descubrir en qué río quiere el Espíritu Santo que usted fluya y navegue en un momento dado.

Había cuatro porque el cuatro es un número bíblico que habla de los elementos de la tierra. Vimos los elementos: sol, luna, estrellas y lo demás, creados en el cuarto día. También podemos ver que cada sala tiene cuatro esquinas, al igual que la Biblia dice que la tierra tiene cuatro esquinas y cuatro vientos direccionales

(Apocalipsis 7:1). Cuatro también se refiere a los cuatro patrones de viento de la tierra que soplan en cuatro direcciones diferentes. Hay formas diferentes en las que el viento o la unción del Espíritu Santo soplarán, razón por la cual había cuatro ríos que fluían en diferentes direcciones desde el Edén, los cuales nos hablan de la unción del Espíritu Santo.

## 1. El río Pisón

El significado de este río es aumentar. Génesis 2:11-12 dice: "El nombre del uno era Pisón; éste es el que rodea toda la tierra de Havila, donde hay oro; y el oro de aquella tierra es bueno; hay allí también bedelio y ónice". Vea cómo el río Pisón rodeaba toda la tierra de Havila, que era un terreno circular lleno de oro. Este río representa la prosperidad y la provisión. Es donde son suplidas todas nuestras necesidades específicas.

De esto podemos ver que el Espíritu nos ungirá en el río de la provisión; es el fluir de oración donde pedimos por nuestras necesidades y le pedimos a Dios las cosas que deseamos. Cuando entramos en un río de petición, es algo más que tan sólo pedirle algo a Dios, aunque eso sea parte de ello. Cuando la unción está ahí, usted fluye en esta dirección de oración. A veces, puede incluir provisión económica, o puede conllevar otras oraciones y súplicas al Señor. Ha habido ocasiones en las que el Señor me ha ungido en este tipo de oración y yo me he visto atrapada sobrenaturalmente orando versículos, pasando las páginas de la Biblia y orándolas una tras otra.

Hubo una ocasión en que una familia vino a mí para que orase por una situación de custodia de un niño o la adopción en la que se vieron envueltos en juicios. Había mucha gente orando, y yo también oré con ellos. Sin embargo, parecía que las cosas no cambiaban en los tribunales. Los jueces no parecían mostrar interés por ciertas leyes de los libros de la ley, y parecía que nada salía a favor de ellos. Esto continuó así durante varios meses, costándoles mucho dinero en abogados y costes de los juicios, lo cual para ellos era algo imposible de pagar.

Periódicamente me tuvieron al corriente del progreso del caso durante unos meses de días estresantes. Finalmente, me reuní con ellos un día cuando recibieron otro revés de los juzgados. Me senté con ellos en una sala privada y esta vez me enojé en el Espíritu con el diablo. De algún modo, ¡entré en el río Pisón en oración! Escribimos una petición de oración que decía que ahora estábamos cambiando la pauta legal del juzgado natural reemplazando su decisión por los nuevos papeles de los juzgados celestiales. Escribimos versículos y oraciones en la hoja de papel.

Lo firmamos y le pusimos fecha, y literalmente golpeé con mi puño la mesa para representar la decisión final del martillo del juez golpeando sobre la mesa. Imploramos al Gran Juez del cielo, el Dios Todopoderoso. Hubo una unción o río sobre el que oramos. Dios es mi testigo; en esa misma semana, y tras meses de lucha, su oponente abandonó completamente el caso, dándoles toda la custodia. Y no sólo eso, sino que también su abogado canceló todas las tasas que ya ascendían a varios miles de dólares. Había una unción ese día para orar en un río o fluir de provisión. ¡Gloria a Dios!

Ahora bien, yo había orado antes por peticiones escritas como estas, pero no recuerdo haber entrado nunca antes en un río como ese. Se podría decir literalmente que el Espíritu del Señor nos puso en un río de provisión y aumento.

## 2. El río Gihón

Génesis 2:13 dice: "El nombre del segundo río es Gihón; éste es el que rodea toda la tierra de Cus". La palabra *Gihón* significa "un arroyo rápido saliendo a chorro". Este es el retrato de agua corriendo a través de una garganta y luego saliendo a chorro al final del tramo como una catarata. Me gusta pensar en ello como el agua en la manguera de su jardín, donde usted abre el grifo y no ve inmediatamente el agua salir hasta que, de repente, sale por el extremo de la manguera. Es como un arroyo que se mueve con una catarata al final que sale a chorro y empapa todas las cosas. Este río de oración habla de la intercesión y dar a luz en oración. Algunas de las cosas por las que oramos no serán respondidas con una petición rápida. Se verán como las aguas de la unción en nosotros discurriendo y luego brotando a chorros en forma de respuesta. Puede que no siempre sea inmediato a medida que la respuesta se apresura y dirige hacia usted. Quizá no lo vea fácilmente, pero está de camino, hasta que de repente se manifiesta. Este río de oración involucrará su corazón y a menudo la expresión de todo su ser interior. La única otra manera de describirlo es a través del proceso de dar a luz, cuando el bebé se mueve por el canal del parto y de repente el bebé, agua y sangre salen a chorros, y después se termina. Este tipo de oración de su espíritu proviene de las profundidades de su ser de esta forma.

En 1 Samuel 1:9-13, Ana nos da un destello de este río de oración cuando ora para tener un hijo. Ella derramó su alma, casi como si sintiera y diera a luz al hijo antes de tener verdaderamente a Samuel. Fue casi como vivir la realidad del parto, fue algo muy real para ella.

Jesús fue otro ejemplo de este río cuando oró en Getsemaní por la Iglesia que estaba a punto de nacer (Juan 17). La Biblia dice que durante ese tiempo en particular de oración su sudor fue como sangre (Lucas 22:44). Él estaba en un fluir de oración con una intensidad creciente hasta que hubo un cierre, un estallido.

Pablo también oró en este fluir de oración cuando dijo: "por quienes vuelvo a sufrir dolores de parto, hasta que Cristo sea formado en vosotros" (Gálatas 4:19). El versículo conocido de Romanos 8:26 apoya al río Gihón como una dirección de oración por el Espíritu. Dice: "pues qué hemos de pedir como conviene, no lo sabemos, pero el Espíritu mismo intercede por nosotros con gemidos indecibles".

A menudo he descubierto que puedo entrar fácilmente con el Espíritu Santo en este fluir de oración cuando no sé cómo orar por algo. Simplemente no sé por dónde empezar. Cada uno de nosotros hemos tenido esos momentos de oración en los que necesitábamos orar en el Espíritu para que el Espíritu Santo pudiera desbordarse desde nosotros como esa manguera del jardín y derramar su agua sobre la persona o situación.

Muchas personas nunca entran en las profundidades de este río de oración, particularmente en lugares colectivos, porque puede ser un río de oración muy largo. Se tarda un rato en empezar a moverse río abajo, y a veces no tenemos la paciencia necesaria. Sin embargo, es un fluir donde el Espíritu Santo quiere llevarnos y entrenarnos para navegar. He orado por muchas personas y situaciones que no parecían cambiar hasta que descubrí el fluir del Espíritu Santo en el río Gihón. De hecho, orando en el Espíritu podemos por lo general entrar en él.

Por supuesto, llegarán esos momentos en que comprenderá que no hay una unción para este tipo de oración, porque por esa situación no se necesita este tipo de intercesión. Uno sabe cuándo no se está "conectando", pero luego nos sentimos guiados en otra dirección en el Espíritu, y podemos sentir la unción del Espíritu Santo ahí.

Por eso necesitamos permanecer sensibles y no tan sólo orar de la manera que normalmente preferimos. El Espíritu quizá quiera fluir a través de usted en una dirección diferente, en un fluir distinto.

### 3. El río Hidekel

Génesis 2:14 dice: "Y el nombre del tercer río es Hidekel; éste es el que va al oriente de Asiria". Creo que este es uno de los ríos que más odian los demonios del infierno en nuestras vidas de oración porque les desborda y les quita sus territorios. La palabra *Hidekel* significa "aguas rápidas". Este tipo de agua es de corrientes rápidas y fuertes, ¡es literalmente una inundación torrencial de oración! Podemos comenzar a ver el propósito de este río aún más cuando vemos el significado de lo que rodea a Asiria, que es el lugar exacto hacia donde se dirige este río que inunda. Asiria era el reino (también llamado Asur) que fue fundado por Asur y Nimrod. Fue uno de los reinos que Nimrod construyó en su imperio babilónico que fue la raíz de todo lo demoníaco y del paganismo.

La palabra *Asiria* significa "franco; exitoso". Sin embargo, no se refiere aquí al éxito que Dios nos da, sino al éxito construido en el espíritu del humanismo y el orgullo, que es la esencia de Lucifer. Nimrod era un tipo de Lucifer y su reino malvado. ¡Sabiendo esto puede entender por qué el Espíritu del Señor tiene un río de oración especial señalando hacia Asiria! Este río de aguas rápidas y potentes son oraciones que tratan sobre nuestra autoridad en Cristo y la guerra espiritual. Es un fluir de oración agresiva contra las fuerzas de las tinieblas.

Este fluir de oración que viene del Espíritu Santo en nosotros es como el agua que ve en las películas de las formas más peligrosas de rafting de aguas rápidas. Se necesita práctica y destreza espiritual. Sin embargo, cada creyente lleno del Espíritu tiene las armas para orar desde este río. La clave es aprender cómo usar esas armas con precisión.

No se entra en el río Hidekel para divertirse. Es una oración de guerra espiritual que se realiza para recuperar territorios y naciones del poder de las tinieblas. Aunque este fluir de oración puede funcionar muy poderosamente en su propia vida de oración, particularmente cuando se trata de tomar autoridad sobre el diablo en su propia situación, funciona especialmente de forma poderosa en entornos colectivos. Dios quiere que más iglesias se junten para orar entrando en el río Hidekel y usar ese fluir a favor de ciudades, naciones y territorios, y no sólo de forma esporádica sino regularmente. El mundo que nos rodea necesita que luchemos por ellos en este río de oración. Si no lo hacemos nosotros, ¿quién lo va a hacer? Nuestras comunidades y gobiernos quedarían de otro modo a merced del diablo.

Muchos cristianos casi evitan este tipo de autoridad agresiva porque no es el tipo de oración dulce y feliz que le gusta a la gente. Es trabajo, y requiere planear una estrategia con el Espíritu Santo y el uso de nuestras armas espirituales. En este tipo de oración usaremos nuestras armas espirituales, ¡y trataremos con los espíritus de las tinieblas en el nombre de Jesús! Este es el tipo de oración donde usted profetiza en el Espíritu sobre regiones y decreta que la voluntad de Dios se establezca sobre ellas. Usted habla a la atmósfera y declara la palabra del Señor, y llama a los ángeles y la maravillosa sangre de Jesús. A menudo, en el río Hidekel, es necesario entrar en otras lenguas donde permitimos al Espíritu Santo hacer una guerra espiritual que está más allá de nuestra sabiduría humana y entendimiento.

Tenemos que depender de eso para las cosas que no podemos comprender al entrar en la esfera del Espíritu. Necesitamos que el fluir de este río del Espíritu salga de nosotros mismos para detener la fuerza del enemigo en nuestras vidas y en áreas de influencia.

La clave importante para entrar en el fluir de este río es hacerlo cuando el Espíritu le esté dirigiendo a hacerlo. Si el Señor no quiere que vaya a la guerra en ese momento, entonces el fluir de la oración no estará sobre Hidekel. El error que cometemos es cuando hacemos de esta u otra dirección de oración nuestro único enfoque. De nuevo, necesitamos todos los ríos de oración, no sólo los que parecen ir con la moda emocionante del momento.

Hemos tenido reuniones de oración donde el fluir del Espíritu cambió de río a rio. A veces comenzamos en una unción y terminamos en otra, mientras que otras veces hemos estado en un fluir concreto del Espíritu en oración durante una gran cantidad de tiempo o etapa. La clave es encontrar dónde está fluyendo la unción porque el Espíritu Santo sabe lo que se necesita, y tenemos que seguirle ahí. Si nos atascamos demasiado tiempo en algo y el Espíritu de Dios se ha movido a otro río, nos quedaremos orando con palabras vacías y repeticiones religiosas. Por el contrario, si nos movemos a una unción en particular demasiado pronto, quizá nunca se termine la tarea que Dios pretendía llevar a cabo. La clave es ser flexible y estar abierto al Espíritu Santo.

Permítame animarle en algo más. Mientras aprende a seguir al Espíritu Santo orando desde esta unción en usted, habrá tiempos para "practicar". Las oraciones Hidekel pueden ser de las más desafiantes a la hora de obtener destreza haciéndolas, especialmente en ambientes colectivos. Cuando Dios comenzó a usar por primera vez nuestra iglesia de esta forma en la guerra espiritual, había algunas reuniones que eran agitadas y parecía que todo el mundo se estaba ahogando en el río. Me gusta visualizarlo como alguien que está aprendiendo a montar en kayak. ¡La mayoría del tiempo al principio lo pasa boca abajo!

Tuvimos algunas reuniones de oración así. Sabíamos lo que el Espíritu Santo quería, pero aún estábamos en las etapas iniciales de conocer cómo seguir esta guía en oración. Tuvimos unas cuantas visitas durante estos tiempos, a quienes nunca más volvimos a ver, pero Dios sabía que nuestros corazones estaban intentando adentrarse en un río nuevo, y a decir verdad llegaron algunas personas nuevas que vieron el propósito de Dios y se quedaron. Ahora hemos aprendido como iglesia a navegar por algunos de estos rápidos. Cuando el Espíritu Santo nos está dirigiendo a este río podemos seguirle al momento.

Concédase a usted mismo, a su iglesia y a su grupo de oración algo de gracia. No importa en qué río de oración entre, se necesita práctica y persistencia para aprender a fluir ahí. Tiene que aprender cómo navegar por las aguas en el espíritu de oración. Si no tiene miedo de nuevos sonidos y expresiones diferentes, aprenderá a orar desde el río de su espíritu, donde ya no son oraciones religiosas forzadas sino oración que usted hace hasta que se producen milagros.

### 4. El río Eufrates

Génesis 2:14 nos dice que "el cuarto río es el Eufrates". Estoy segura de que no es coincidencia que la Biblia enumere estos cuatro ríos en el orden que lo hace. Si miramos bien, podemos ver una progresión. Comenzamos pidiéndole a Dios (río Pisón), para dar a luz e interceder (río Gihón), y luego vamos a la guerra espiritual (río Hidekel) y después llegamos al centro de todo: el río Eufrates. La palabra *Eufrates* significa "productividad". Observe que es la cuarta y última dirección en la oración. No sólo es porque una vida productiva es el resultado de una oración ungida, sino que también creo que está en línea con el cuarto día, el día de Pentecostés, del que hablamos en capítulos anteriores. Este es el cuarto río de oración que viene del Espíritu del Señor dentro de usted. Es la esencia y el resultado poderoso de Pentecostés, el Espíritu Santo en nuestro interior. Es el río que produce el fruto del Espíritu.

El río Eufrates logrará un doble propósito en su vida: fruto para crecimiento personal y fruto para el ministerio.

El primer propósito en este río de oración es que usted crezca y se consagre como cristiano. Puede involucrar compromiso y arrepentimiento. Cuando oramos desde este río, llevamos fruto como creyentes porque maduramos y nos parecemos más a Cristo. El segundo propósito de este río de oración es para el propósito de su llamado al ministerio y acción en el reino. Las oraciones en el fluir del río Eufrates prepararon el camino para los milagros, señales y maravillas en el ministerio de los apóstoles y la Iglesia primitiva. El libro de los Hechos narra repetidamente cómo fueron de casa en casa e hicieron un estilo de vida de oración (Hechos 2:42, 46). Este fluir en particular de oración es lo que le hace y estabiliza toda su vida cristiana. Es la esencia y fundamento de su relación con Dios. Sin oraciones regulares de comunión, compañerismo e intimidad con el Señor, descubrirá que su vida es improductiva, sin fruto y sin crecimiento como cristiano. El río Eufrates es el fluir de oración más poderoso e importante que tenemos que desarrollar en nuestras vidas.

Note que cuando el ángel derramó su copa sobre el río Eufrates en Apocalipsis 16:12, se secó. Al secarse, produjo y permitió el acceso para que los demonios y espíritus malignos pudieran operar. Este río tan importante crea pureza y fruto. Sin él, hacemos de nuestro territorio un refugio para espíritus malignos. De todos los ríos mencionados en Génesis 2:10-14, este río es el que la Biblia a menudo llama el gran río (Josué 1:4; Apocalipsis 9:14; 16:12). Este gran río de oración tragará la maldad de nuestras vidas y producirá lo milagroso.

Lea Jeremías 51:61-64, que nos da un cuadro profético impresionante del río Eufrates.

> Y dijo Jeremías a Seraías: Cuando llegues a Babilonia, y veas y leas todas estas cosas, dirás: Oh Jehová, tú has dicho contra este lugar que lo habías de destruir, hasta no quedar en él morador, ni hombre ni animal, sino que para siempre ha de ser asolado. Y cuando acabes de leer este libro, le atarás una piedra, y lo echarás en medio del Eufrates, y dirás: Así se hundirá Babilonia, y no se levantará del mal que yo traigo sobre ella; y serán rendidos.

Desde luego, estos versículos tienen un significado literal e histórico en la tierra, pero como ejemplo profético de oración nos muestran que toda la influencia mundana en nuestras vidas será tragada por el poder del Eufrates. La oscuridad que intenta mantenernos atados queda destruida en este río de oración, dejando sólo una vida productiva llena de unción y poder de Dios.

La adoración es parte de la oración que fluye del río Eufrates. Podemos ver cómo Pablo y Silas adoraron a Dios en la celda de la prisión (Hechos 16), y su fluir de oración produjo el fruto de milagros, señales y maravillas. La única manera de aprender a fluir en este río del Espíritu Santo es pasando tiempo a solas con el Espíritu de Dios. Enoc fue un hombre que fluyó en este río del Espíritu. Caminó tanto con Dios que no murió, sino que Dios se lo llevó, ¡simplemente se fue! (Génesis 5:24). A través de una relación de oración personal con Dios usted aprende a orar desde el gran fluir del río Eufrates.

Una experiencia maravillosa de esto es cuando oí a un predicador que preguntaba en cierta ocasión: "Si alguien le pidiera que se levantara y hablara con Dios sobre todos sus atributos uno detrás de otro, sin tener que pensar en ello, ¿durante cuánto tiempo podría estar ahí de pie haciéndolo? ¿Solamente sería usted capaz de enumerar cinco o diez cosas y luego comenzaría a no saber bien qué decir?". Cuando tenemos una vida donde fluimos de nuestro espíritu en oración con Dios, nunca se nos agotarán las cosas que decir. Usted comienza a adentrarse con Dios, sólo usted y Él. Este fluir en el Espíritu es donde fluyen los secretos de Dios; es donde están los milagros y las manifestaciones sobrenaturales, al igual que pasó con Enoc.

El Salmo 42:7-8 dice: "Un abismo llama a otro a la voz de tus cascadas; todas tus ondas y tus olas han pasado sobre mí. Pero de día mandará Jehová su misericordia, y de noche su cántico estará conmigo, y mi oración al Dios de mi vida". El río Eufrates es un río profundo. Es el lugar donde entramos en las profundidades de Dios que sólo se encuentran en una relación estrecha. Puede aprender a entrar adorando, orando y cantando en el Espíritu, y caminando y pasando tiempo con el Padre. En este fluir de oración también escucha su voz. Note en el versículo 8 que el ruido de las cascadas de Dios se oye en la llamada del abismo.

Este fluir de oración debería ser privado, y también se encuentra en nuestro tiempo colectivo de adoración y oración de simplemente esperar y escuchar en la presencia del Señor. No es sólo religioso y callado. Las cascadas y los abismos tienen un sonido peculiar, pero este río de oración lleva la unción de las cosas pesadas de Dios. Es la gloria pesada de su Espíritu descansando sobre usted y descansando sobre las personas. Establezca el hábito de fluir en oración en el río Eufrates, ¡porque es ahí donde están las cosas sobrenaturales de Dios!

## Fluya con la unción

"Fluya con la unción". ¿Alguna vez ha oído una frase similar en la iglesia? Yo sí. Tenemos todo tipo de clichés en la iglesia, y este es uno de ellos. Sin embargo, no deja de ser cierto. El mejor lugar para encontrar lo sobrenatural en acción es localizar cuándo y dónde se está moviendo la unción. No podemos tener miedo de fluir siguiendo las diferentes unciones del Espíritu Santo cuando Él guíe a ellas. Cuando sienta que la unción se está moviendo en esta o aquella dirección, comience a dejar que el mover del Espíritu le lleve hacia ella sin preocuparse por cómo suena o lo que otros puedan pensar.

Primera de Juan 2:27-28 dice: "Pero la unción que vosotros recibisteis de él permanece en vosotros, y no tenéis necesidad de que nadie os enseñe; así como la unción misma os enseña todas las cosas, y es verdadera, y no es mentira, según ella os ha enseñado, permaneced en él. Y ahora, hijitos, permaneced en él, para que cuando se manifieste, tengamos confianza, para que en su venida no nos alejemos de él avergonzados". Podemos tener confianza en que la unción en nosotros nos llevará en una dirección u otra, y tenemos que confiar en ella. Tenga cuidado de no permitir que sus hábitos religiosos y aprendidos previos le impidan experimentar cosas nuevas y frescas en Dios cuando ore. Dios es un gran Dios, y tiene mucho contenido en su Espíritu dentro de usted. Él quiere que usted y yo aprendamos a fluir con Él y a orar en un nuevo nivel de unción. Es en el fluir de la oración donde se producen los resultados sobrenaturales y los milagros.

Capítulo Ocho

# DESATE SUS RIADAS DE BENDICIÓN

HEMOS HABLADO A lo largo de todo este libro sobre cómo la Biblia nos señala hacia un río muy poderoso del Espíritu Santo que está dentro de nosotros, un río que contiene una capacidad sobrenatural. Quiero dirigir su atención de nuevo al versículo donde comenzó todo con lo que Jesús dijo sobre usted. Lea Juan 7:38-39 de nuevo; dice: "El que cree en mí, como dice la Escritura, de su interior correrán ríos de agua viva. Esto dijo del Espíritu que habían de recibir los que creyesen en él; pues aún no había venido el Espíritu Santo, porque Jesús no había sido aún glorificado".

Recapitulemos brevemente lo que hemos cubierto en las páginas de este libro, y luego hablaremos sobre cómo mantener las riadas sobrenaturales de bendición de Dios fluyendo sobre su vida cada día.

Primero, aprendimos que cuando el Espíritu Santo fue enviado el día de Pentecostés, hizo disponible su gran poder para que pudiera vivir en su propio espíritu. Sus milagros fueron depositados en usted. Su poder, gracia, sanidad, prosperidad y paz fueron descargados en su espíritu. Al derramarse a sí mismo en usted, derramó ríos de agua viva en su interior. Ese momento de la Historia nos cambió para siempre de estar vacíos a estar llenos de poder sobrenatural. En este sentido, Pentecostés fue un evento central que cambió la historia. Cambió a los discípulos, dejando de ser personas débiles e inseguras para convertirse en personas que pusieron su mundo boca abajo. Dejaron huella en el mundo porque desataron las riadas del Espíritu sobre sus ciudades y regiones. Este depósito en ellos llegó en la forma de algo conocido como un río. Ezequiel profetizó sobre ello. Moisés hubiera soñado con haber podido experimentarlo, y aunque no entendía lo que era, sabía que le faltaba algo en su interior. Él sólo pudo ver la gloria de Dios en el exterior, pero cuando se fue de la montaña, siguió caminando vacío.

En cambio, usted y yo somos bautizados en el Espíritu Santo. El poder del mismo Dios viviente se apresuró para vivir dentro de nosotros y es una fuente que siempre está disponible de suministro sobrenatural. El río de Dios en usted es un pozo o fuente de agua viva que es suficientemente poderosa para liberarle y sanarle. Dentro de usted hay un suministro poderoso del que pude depender y extraer para ayudarle a lidiar con las situaciones que atraviesa cada día. Esa unción cambiará las circunstancias con la inundación de aguaviva porque el Espíritu del Señor le ha dado un suministro espiritual eterno. Puede estar seguro de que Dios no le dejó desprovisto de ninguna de las cosas buenas que tiene disponibles. A fin de cuentas, usted es la casa del Espíritu Santo, su morada, y Él ha querido que su casa esté bien equipada, amueblada y suplida, ¡para que Él pueda darse a conocer con poder y fuerza a través de su vida!

Una vez que haya aprendido a sintonizar con el río de Dios que viene de su interior, puede estar seguro de que experimentará muchos milagros y bendiciones poderosos. Sí, el enemigo puede intentar muchas cosas para impedir que usted crea que ha sido poderosamente ungido de esta forma, así que hará horas extras para intentar producir en usted temor con el fin de que no confíe en lo que lleva ni crea que es capaz de caminar en el poder de Dios que ha recibido. Simplemente recuérdele al diablo y a usted mismo que ha sido ungido. De hecho, háblese a usted mismo diciendo: "¡Estoy ungido!". No se salga del río; decida quedarse ahí y usar lo que Dios le ha dado. Hay muchos lugares donde puede ir y disfrutar en el Espíritu Santo cuando decide que vivirá del pozo de su espíritu. Pude verse manifestando milagros, sanidad y paz. Los dones del Espíritu obrarán en su vida. Puede llevar la oración a nuevos niveles y aprender a orar en base a los ríos del Espíritu en usted. En el pozo de su espíritu están las profundidades de Dios, porque es ahí donde reside el Espíritu de Él. Puede usted extraer de ese suministro en oración para que su vida de oración llegue a un punto donde comience a fluir libremente y sea algo que le guste. El poder de Dios obrará en su vida cuando viva en base a lo que el Espíritu Santo le trajo en el pozo de su espíritu.

Confío en que después de leer este libro su vida en el Espíritu alcance nuevas alturas, ¡y quizá por primera vez se verá como el vaso ungido del Espíritu Santo que es! Quizá quiera repetir esto una vez más. Diga: "¡Estoy ungido!".

Ahora quiero darle algunas formas prácticas para vivir del pozo de su espíritu. Esto le ayudará a mantener su río espiritual inundado para que pueda invadir poderosamente todos los obstáculos de la vida. Le animo a leer esto y meditar en ello, para que cuando sienta que no tiene poder como consecuencia de alguna prueba, se acuerde de que su pozo de suministro está esperando que tome otro trago y permita que el río fluya. Eso le hará desatar las riadas de Dios que le llevarán a una vida de bendiciones sobrenaturales.

### 1. ¡Crea que está lleno de poder!

En Hechos 3:4 Pedro dijo: "Míranos". Él era consciente de la unción que había recibido y que llevaba en su interior. Hable de lo que ha recibido, y diga como Pedro: "Mírame". Háblese de forma regular sobre la unción que ha recibido de Dios. Lea acerca de ello en la Biblia y memorice versículos como Juan 7:37-39. Entienda que ha sido ungido en poder en su corazón. Elimine de su vida las palabras de rechazo y fracaso, ya que sólo le dirán que no tiene poder, lo cual es una mentira absoluta. Crea hoy que está ungido. Si sólo tiene una tímida revelación de esto, no podrá vivir en ella. Recuerde, diga estas palabras cada día: "¡Estoy ungido!".

### 2. Extraiga de su río.

En Hechos 3:6 Pedro dijo: "En el nombre de Jesucristo de Nazaret, levántate y anda". Para aprender a usar su pozo de unción, tiene que extraer de él y usarlo regularmente en situaciones como lo hizo Pedro. Puede extraer a través de sus palabras y de sus acciones. Cuando Pedro hizo eso, el hombre en la puerta fue sanado. Haga declaraciones en voz alta, y hable sobre el milagro que quiere que se produzca. No tiene que comenzar sanando a un cojo, pero sí debería comenzar en su propia vida. Por ejemplo, comience sacando de su río hablándole al dolor de su cuerpo y diciéndole que se vaya.

### 3. Ore en el Espíritu.

Judas 20 dice: "Pero vosotros, amados, edificándoos sobre vuestra santísima fe, orando en el Espíritu Santo". Orar en lenguas es probablemente la forma más poderosa de llenar su pozo hasta rebosar. Le edifica como ninguna otra cosa, porque lleva poder que hace el trabajo para usted. Cuanto más oro en el Espíritu, menos tengo que luchar. El Espíritu me lleva, y yo tan sólo me dejo llevar en el viaje. Es mucho más fácil de esta forma. Esto libera al Espíritu Santo en su interior y le lleva a lo sobrenatural.

### 4. Cultive confianza y celo.

Segunda de Timoteo 1:6-7 dice: "Por lo cual te aconsejo que avives el fuego del don de Dios que está en ti por la imposición de mis manos. Porque no nos ha dado Dios espíritu de cobardía, sino de poder, de amor y de dominio propio". Si usted es tímido y callado, aprenda a romper eso. Hay algo en un enfoque confiado y con celo que rompe las ataduras religiosas y vence al temor. La unción es atraída hacia ello. Avívese en el poder, está bien. Es como el equipo de fútbol que se mentaliza antes del partido. Baile, alégrese, alabe y grite. Cuando se aviva con celo, el agua comienza a fluir. Si se siente mejor empezando con usted mismo, entonces ponga un CD de alabanza con unción y baile ante el Señor. Cuando vaya a la iglesia y la gente comience a alabar a Dios, asegúrese de no quedarse atrás. Sea valiente y participe de ello.

### 5. ¡Quédese en el río!

El Salmo 1 nos muestra que cuando somos plantados junto a las corrientes de las aguas, llevamos fruto. A veces parecería más ventajoso desarraigarnos y salir, y luego buscar la respuesta en algún otro lugar. Aunque puede que haya momentos en los que sienta que no funciona nada y que no se están produciendo cambios, quédese en el camino del Espíritu. No se frustre y abandone, y recuerde que algunas situaciones no caen hasta que las olas no han golpeado contra ellas durante mucho tiempo, así que quédese en el agua del Espíritu Santo. A veces hace falta tiempo para aprender a fluir desde ese pozo, pero con práctica lo podrá hacer de forma poderosa.

### 6. Rellene el pozo continuamente.

Efesios 5:18-20 nos da los secretos para rellenar el pozo del Espíritu en nosotros. Dice: "No os embriaguéis con vino, en lo cual hay disolución; antes bien sed llenos del Espíritu, hablando entre vosotros con salmos, con himnos y cánticos espirituales, cantando y alabando al Señor en vuestros corazones; dando siempre gracias por todo al Dios y Padre, en el nombre de nuestro

Señor Jesucristo". Puede rellenar continuamente su pozo de poder hablándose a usted mismo, adorando a Dios y expresando su corazón con agradecimiento al Señor. Podemos emplear mucho tiempo llenándonos con cosas naturales hasta que nuestras vidas se "emborrachen" con ellas. La carta de Pablo a los Efesios nos enseña a sumergirnos en las cosas que tienen que ver con el Espíritu para que nuestro pozo esté lleno. La oración es una parte de eso. Leer su Biblia y estudiar las Escrituras es también parte de ello. Cuanto más tiempo pase en las coas espirituales, más lleno estará su pozo.

**7. Conecte su pozo con el Cuerpo de Cristo.**

Isaías 2:3, dice: "¡Vengan, subamos al monte del Señor, a la casa del Dios de Jacob!" (NVI). Los versículos de Isaías capítulo 2 muestran un entorno colectivo del pueblo de Dios. No importa lo que alguien le haya dicho al respecto, usted necesita estar rodeado de otros creyentes fogosos que puedan mantenerle en el fluir. Necesita un pastor y una familia espiritual para que su río tenga un propósito y también para recibir fortaleza. En el libro de los Hechos, la Iglesia primitiva se reunía tanto en las casas como en el templo (Hechos 2:46) porque reconocían la fortaleza de los números. Puede que no siempre esté de acuerdo con la gente, la iglesia o su pastor, pero aun así los necesita. Ellos harán que su río se mantenga fluyendo con fuerza. Incluso en el ministerio, no podría decirle cuántas veces he estado exhausta antes de dirigirme a la reunión de oración de entre semana, pero tras reunirnos en el Espíritu siempre salgo renovada y llena hasta arriba. Eso nos da fuerza para la semana. Hay una unción especial reservada para una atmósfera colectiva.

## SUS RIADAS DE BENDICIÓN

Cuando el profeta Ezequiel vio esta increíble visión (Ezequiel 47:1-12) del río de Dios saliendo de la casa de Dios (usted y yo), era un río que se desbordaba y no se podía cruzar. Él vio un anticipo del evento de Pentecostés. Hablamos al comienzo de este libro sobre la fuente del río que vio, pero ahora aquí al final veremos el resultado de la riada. Cuando estas aguas comiencen a fluir libremente en nuestra vida, harán algunas cosas muy poderosas, con el fin de liberarnos, bendecirnos y hacernos disfrutar. ¿Está listo para verlas? Estimule su fe en este instante porque cada una de estas cosas le pertenece.

Antes de cubrir estas riadas en lo que queda de libro, quiero hacerle ver el poder del agua. Recuerdo hace algunos años cuando el maremoto sacudió Indonesia. Los resultados fueron devastadores. El agua lo cubrió todo, miles perecieron, y la destrucción fue inmensa. De este acontecimiento podemos ver que el agua es una fuerza poderosa. No es de extrañar que el Señor comparase su poder con un río poderoso. La diferencia es que Él es la fuente de agua *viva* (Jeremías 2:13), la cual ha venido para dar vida. Cuando el agua del Espíritu Santo cubre las cosas, nada permanece igual, todo queda afectado. Esto es lo que Ezequiel vio que ocurría, y esto es lo que nos ocurrirá cuando la riada de Dios comience a cubrirnos.

## TODO DEBE VIVIR

El mensaje que Dios estaba intentando mandarnos aquí es increíble. Lea Ezequiel 47:9, que dice: "toda alma viviente que nadare por dondequiera que entraren estos dos ríos, *vivirá*" (énfasis añadido). De esto puede recibir fe de que cada vez que el diablo intente mentir y decirle que va a morir prematuramente, ¡puede mirarle directamente a los ojos y decirle que no! Cuando los ríos de su espíritu cubren una situación, su vida, su cuerpo,

¡van a vivir! ¿Dónde necesita vida hoy? Hay vida en el pozo de su espíritu. Declárese a sí mismo vida, a su situación y sobre aquellos a los que ama.

Una vez oí una historia de un hombre de Dios que estaba con un grupo de personas que estaban hablando sobre los peligros de los accidentes de avión. Él se levantó y dijo: "¡Ningún avión se va a estrellar mientras yo vaya dentro!". Tuvo una revelación de que él llevaba vida y poder. En otra ocasión, un predicador estaba sentado en una sala con otros ministros que estaban hablando sobre sus medicinas, remedios de plantas y otros dolores y achaques. Cuando le preguntaron a ese ministro cuál era su secreto, simplemente dijo: "¡Primera de Pedro 2:24 me sigue funcionando!". Al decir eso, los demás cambiaron de tema. Por supuesto, 1 Pedro 2:24 dice: "...y por su llaga fuimos nosotros curados". Él también tuvo una revelación de que Jesús le había dado vida abundante aquí en esta tierra.

Cuando usted tiene los ríos del Espíritu Santo fluyendo en su vida, puede esperar vivir. Crea que las aguas han venido y han provocado que usted viva en este instante.

## LA MULTITUD DE PECES— LA MAGNÍFICA PROVISIÓN

Ezequiel también vio peces en este río. Estos hablan de la bendición y provisión económica. Ezequiel 47:9 dice: "y habrá muchísimos peces por haber entrado allá estas aguas". La razón por la que la multitud de peces siempre se refiere al aumento es porque Jesús multiplicó los peces para demostrar que Él era el Dios de provisión cuando alimentó a la multitud (Mateo 14:19; Marcos 6:41; Lucas 9:16). También tomó una moneda de la boca de un pez para pagar los impuestos (Mateo 17:27), y llenó las redes de pescar de los discípulos (Lucas 5:6).

Todos estos son ejemplos de provisión sobrenatural del

Espíritu de Dios. Por eso cuando Ezequiel vio que el agua producía peces en abundancia, estaba viendo a Dios revelando un cuadro de la prosperidad. Jesús dijo que vino para darnos vida en abundancia (Juan 10:10). Bien, al darle su Espíritu para morar en usted, hay una fuente de provisión esperando inundar su situación económica hoy. Está ahí para ayudar a cambiar las cosas. No tiene que intentar creer que el agua espiritual va a ayudarle a ganar la lotería. Tan sólo necesita mantenerla fluyendo sobre su situación laboral actual y traer sobre ella estabilidad. Espere ver cada día una "multitud de peces" o provisión que está ahí para que la disfrute. No empiece intentando encontrar millones de dólares en su río; algunas personas sólo necesitan usar su red de pescar para encontrar su próxima comida. Sin embargo, cuanto más lo haga y comience a aprender el "arte de pescar" y buscar su bendición en el río de la provisión que el Espíritu ha puesto en usted, comenzará a crecer y a ser lleno hasta que finalmente la bendición y provisión de Dios le inundarán por todos lados. Puede estar seguro de ello. Hay una multitud de peces, lo cual es una magnífica provisión.

## DEJAR QUE LAS AGUAS DE SANIDAD ME INVADAN

Después, Ezequiel vio más en este río de agua viva. No sólo vio que se producía vida y una multitud de peces, sino que también vio sanidad. Ezequiel 47:9 también dice: "...y recibirán sanidad; y vivirá todo lo que entrare en este río". Dios quiere que veamos que está tan comprometido a darnos una vida poderosa que lo repite de nuevo, pero esta vez menciona otra palabra: sanidad. Ahora bien, la gente dirá muchas cosas sobre la sanidad. Algunos, que la sanidad es para el cuerpo, y otros están convencidos de que la Biblia sólo promete sanidad espiritual, interior. Sin embargo, yo creo que ambos tienen razón, porque ningún versículo realmente es específico.

De hecho, una vez oí una historia de un hombre que había tenido problemas serios de corazón y se aferró a la promesa del Salmo 57:7, que dice: "Pronto está mi corazón, oh Dios, mi corazón está dispuesto; cantaré, y trovaré salmos". Ahora bien, la mayoría de las traducciones de este versículo dicen que significa que mi corazón está firme en el Señor. Sin embargo, él creía que Dios quería que fuera sanado y que su corazón literalmente iba a ser reparado por el poder de Dios. ¿Sabe lo que ocurrió? Así fue, quedó sano. No se atascó de manera religiosa, sino que creyó que la Biblia era un libro de sanidad y que él necesitaba ser sanado. Sanidad es sanidad; si le duele y necesita ser sanado, el río del Espíritu puede inundarle y sanarle. Si le duele su cuerpo, entonces la sanidad física es importante para usted. Confíe en la promesa de sanidad para su cuerpo. Si su corazón emocional está roto, entonces la sanidad también le pertenece. Permita que la Palabra de sanidad ponga pomada sobre el dolor. El río de sanidad vive en su interior por el Espíritu Santo.

En Juan 5, encontramos la historia del estanque de Betesda. Durante treinta y ocho años, un ángel descendía a mover las aguas de este estanque especial. Después, mientras las aguas aún se movían, la primera persona que llegara al agua sería sanada. La Biblia dice que había multitudes de personas allí, lo cual demuestra que la gente en todo lugar quiere estar bien.

Nada es diferente hoy día; la gente no quiere sufrir, así que, ¿por qué iba Dios a detener el fluir de sanidad? Al igual que entonces, Él quiere que la gente esté bien. ¡Dios quiere que usted esté bien hoy! El problema con el estanque de Betesda era que uno sólo podía ser sanado si tocaba el agua de sanidad. Resulta que había un hombre cojo allí que nunca era capaz de llegar a tiempo al agua, hasta que un día Jesús pasó por allí. ¡Qué día para este hombre! Jesús le hizo a este hombre una sencilla pregunta; le dijo: "Señor, ¿quiere ser sano?". ¿Qué cree usted que diría cualquier persona que estuviera en su condición? "Sí, ¡quiero ser sano!". Jesús no tuvo que llevar al hombre hasta el agua de sanidad, porque Él llegó ese día para mostrarnos que Él es esa agua de sanidad y nos ha dado su Espíritu. El estanque de agua de sanidad está viviendo en usted: ríos de agua viva. No se presione con la sanidad; simplemente sonría hoy mientras se recuesta en su silla y descansa en ese río. Hoy, puede descansar y decir: "Venid, aguas de sanidad. Inundadme".

## Y ALMAS IRÁN A MI RÍO

No sólo tiene que gozarse por la vida, la bendición y la sanidad que Dios ha depositado en el río de su espíritu, sino que también se puede alegrar de que esta unción atraiga hacia usted a personas hambrientas, heridas y perdidas. Eso puede incluir amigos y familiares por los que ha estado orando, y acudirán al Señor.

Lea Ezequiel 47:10, que dice: "Y junto a él [el río] estarán los pescadores, y desde En-gadi hasta En-eglaim será su tendedero de redes; y por sus especies serán los peces tan numerosos como los peces del Mar Grande".

Ahora veamos la revelación profética de este versículo. En los versículos previos de Ezequiel 47, vimos cómo la referencia a los peces tenía que ver con la prosperidad, pero en el versículo 10 es un poco diferente. La razón por la que es diferente es porque esta es la primera vez que se menciona a un pescador. Dice que estarán junto al río en dos lugares. El primero es En-gadi, que significa "la fuente de un chivo (cabrito)", y la otra es En-eglaim, que es "la fuente de dos terneros". Eso significa que este río de agua viva corre entre lugares de cabritos y de dos terneros.

Los cabritos representan a los perdidos. Los dos terneros nos dan un cuadro de los pares de bueyes que llevaban el mar de fundición (2 Crónicas 4:1-4). El mar de fundición es un retrato de muchos ríos fluyendo juntos como iglesia —una gran masa de agua—, y su mensaje es llevado por los vasos ungidos de Dios, que somos usted y yo. Esto se representa mejor aún en aquellos a los que Jesús envió al mundo en parejas para predicar el evangelio de dos en dos como representantes de la presencia de Dios (Marcos 6:7-13). El río de agua viva es la fuerza conectora entre los perdidos y los que han salido a presentar el evangelio. Ezequiel 47:10 dice que los pescadores estarán junto a esta unción o río del Espíritu. El resultado será que arrojarán sus redes y atraparán muchos pescados. Jesús dijo en Mateo 4:19: "Venid en pos de mí, y os haré pescadores de hombres". El río de unción en usted le hará tener éxito ganando a los perdidos. Si ejercita su fe en que está ungido para ganar a los perdidos, el Espíritu Santo hará que su río ministre y gane muchos peces para Cristo. Hay una unción en el río del Espíritu para tocar el mundo, al igual que la Iglesia primitiva puso su mundo boca abajo y ganó a miles para el reino.

## EL ÁRBOL ESTÁ CRECIENDO

Y por si todo esto fuera poco, la visión de Ezequiel nos habla más de lo que Dios ha puesto en este maravilloso río de unción. Ezequiel 47:12 dice: "Y junto al río, en la ribera, a uno y otro lado, crecerá toda clase de árboles frutales; sus hojas nunca caerán, ni faltará su fruto. A su tiempo madurará". La Biblia se refiere a árboles como usted y yo que estamos plantados junto a corrientes de agua (Salmo 1:3). Estamos plantados en el río del Espíritu Santo donde somos regados y creemos en las cosas espirituales. Aquí crecemos para que podamos madurar en fruto o revelación. Nuestras hojas no caerán, lo que muestra que los árboles maduros no son movidos por las tormentas o las sequías. Nuestro fruto no depende de los efectos de un ataque, e independientemente de las condiciones, seguiremos dando fruto fresco en nuestras vidas. La riqueza y éxito que el pozo del Espíritu Santo en nosotros provee son casi indescriptibles, dibujando así un cuadro de personas cuyas vidas están empapadas en toda la grandeza y maravilla de Dios mismo. Estoy muy contenta de la llenura del Espíritu Santo en mí, ¿y usted?

## PORQUE LAS AGUAS SALEN

Por supuesto, Ezequiel 47:12 sigue diciendo que todas estas bendiciones están como consecuencia de la poderosa unción que trajo el Espíritu Santo cuando nos llenó. Todo esto es "porque sus aguas salen del santuario; y su fruto será para comer, y su hoja para medicina". Nuestras vidas, y los que están a nuestro alrededor, experimentan el poder y la bendición de Dios mismo porque su Espíritu y el agua viva que Él da está saliendo de nosotros. No tenemos que caminar por esta vida como indigentes, esperando encontrar un toque en algún lugar. Tenemos fruto que nos sostendrá, y en nuestras hojas hay medicina para sanar. Desde lo más hondo de nuestro ser fluyen las aguas de la vida. Podemos buscar al Espíritu de Dios que nos hará ejemplos estables y exitosos de su poder. Lo único que tenemos que hacer es disponernos a creerlo.

Quiero darle unos cuantos puntos prácticos finales que sirvan de ayuda para solidificar esta revelación dentro de su corazón. Quizá esté diciendo en este instante: "Entiendo lo que dice, pero no se da cuenta de que ya lo he intentado todo. No creo que esto vaya a cambiar mi situación". Siempre podemos escondernos tras el hecho de que alguien no entiende el problema que estamos viviendo o el dolor que estamos experimentando.

Quizá quiera entrar en lo que el Espíritu Santo le ha dado, pero sus experiencias pasadas le han hecho pensar que es demasiado bueno para ser cierto. Ninguno de nosotros puede entender perfectamente los sentimientos que hay detrás de las experiencias personales de la gente. Lo que podemos entender igualmente y de manera universal son las promesas y el poder de Dios. La única manera de traspasar la realidad de lo que hemos vivido es por medio del poder sobrenatural del Espíritu Santo y de nuestra disposición a creerlo. Comience a caminar en lo sobrenatural creyendo en ello.

La Biblia dice en Efesios 5:26: "para santificarla, habiéndola purificado en el lavamiento del agua por la palabra". Esto está hablando sobre nosotros: la Iglesia. El Espíritu del Señor puede limpiarle de todas las experiencias previas y actuales frustraciones lavándole de nuevo con el agua de su Palabra. Deje que su río le inunde hoy sin la reserva de que quizá funcione para los demás, pero no para usted. ¡Con usted también funcionará!

## En Moab me lavo las manos

Que cualquier pensamiento relacionado con la idea de que usted no es la dinamita de Dios sea desechado. Cualquier prueba que parezca demasiado grande para la unción de Dios hoy sea puesta bajo sus pies. Esto es más que sólo una frase para animarle.

El Salmo 60:8 nos da un destello poderoso más sobre el río del Espíritu Santo que colocará cada prueba bajo sus pies. Dice así: "En Moab me lavo las manos" (NVI). Moab, claro está, representa un tipo del mundo lleno de toda la inmundicia de la vida. David dijo en este salmo que Moab se convertiría en su lavatorio, lo cual era un lugar para lavarse los pies. Estas palabras hablan de cómo el agua lava sus pies cuando están polvorientos del viaje y cómo puede estar seguro de que este mundo y el dolor que acarrea sólo servirán para ser el lavatorio que contendrá lo que el río del poder sobrenatural de Dios ha lavado de su vida. Sus enemigos y las pruebas de esta vida son lavados bajo sus pies por la fuente de agua viva hoy. Lucas 10:19 dice que usted tiene el poder para caminar sobre toda fuerza del enemigo. En vez de permitir que el mundo pase por encima de usted, decida que ese no es nada más que un lugar para lavar sus pies mientras el río de la unción inunda su vida.

Usted fue diseñado como un creyente lleno del Espíritu no para vivir una vida de desesperación, sino para vivir poderosamente del pozo de su espíritu. No tiene que ser un desafío, sino un estilo de vida. La Iglesia primitiva sintonizó con él cuando experimentaron la impartición de Pentecostés, y cada día produjeron lo milagroso allá por donde iban. Usted ha recibido el poder de Dios, los dones del Espíritu Santo y su poder. No hay nada que no pueda lograr en la bendición prometida de Dios cuando vive su vida poderosamente del pozo de su propio espíritu, ¡y descubre cómo convertirse en alguien sobrenatural!

Para activar y recibir lo que ha leído en estas páginas, haga conmigo esta oración:

*Padre, te doy gracias porque puedo levantarme en el poder del Espíritu Santo en mí hoy. ¡Soy sobrenatural! Bebo del pozo del Espíritu en mí, la fuente de agua viva, y declaro que esta agua lavará e inundará cada situación en mi vida en este momento. Clamo para que la unción del Espíritu lave _____*

*_____ [nombre sus situaciones o personas por las que esté orando], y digo que esta situación se alinee con la Palabra y las promesas de Dios. Pido que milagros salgan de mi espíritu. Proclamo que estoy ungido para hacer grandes señales y maravillas, y que los dones del Espíritu Santo actuarán a través de mí con precisión y exactitud. Mientras el río de la unción me lava hoy, recibo toda la sanidad, provisión, aumento y gracia para lograr la voluntad de Dios para mi vida. He venido para inundar mi vida y el mundo que me rodea con el poder del Dios viviente. Estoy ungido hoy,* *y bebo del pozo en mí, ¡el pozo del Espíritu Santo! ¡En el nombre de Jesús, amén!*

# ONE VOICE MINISTRIES
## El ministerio de Hank y Brenda Kunneman

**Conferencias**

Hank y Brenda viajan por todo el mundo, ministrando en iglesias, conferencias y convenciones. Llevan mensajes bíblicos relevantes desde un punto de vista profético, y su dinámico estilo de predicación está acompañado de demostraciones del Espíritu Santo. Aunque predican en eventos por separado, se les conoce especialmente por su peculiar plataforma de ministerio juntos como un equipo en el ministerio de los dones del Espíritu. Para más información para programar una ministración o conferencia con Hank y Brenda, puede ponerse en contacto con One Voice Ministries al llamar al 402.896.6692, o puede pedir un paquete ministerial en www.ovm.org

**Libros, productos y recursos**

Libros y materiales de audio y video están disponibles en la tienda en línea de los Kunneman en www.ovm.org. Algunos de los títulos incluyen *Lo sobrenatural en usted*, *El revelador de secretos*, *When Your Life Has Been Tampered With*, *Hide and Seek*, *Don't Leave God Alone* y *Chaos in the King's Court*. La página web de One Voice Ministries también contiene muchos recursos ministeriales, incluyendo la página de Hank llamada

"Perspectivas proféticas" que contiene extractos y pensamientos proféticos sobre eventos mundiales. La página de Brenda, "The Daily Prophecy" (La profecía diaria), ha cambiado la vida de muchas personas en todo el mundo. También hay numerosos artículos para estudio.

## Iglesia Lord of Host

 Hank y Brenda Kunneman también pastorean la iglesia Lord of Hosts en Omaha, Nebraska. Llena de una alabanza y adoración cautivadoras y una enseñanza sólida y profética, los servicios en la iglesia Lord of Hosts son siempre enriquecidos con la presencia de Dios. La iglesia Lord of Hosts es conocida por su sólido equipo de líderes, su estilo y ministerio organizado que toca las necesidades diarias de la gente. A través de las muchas formas de ministerio, la iglesia está levantando creyentes fuertes. Muchos ministerios mundiales han recomendado la Iglesia Lord of Hosts como una de las iglesias más actuales y a la vanguardia de los Estados Unidos. Para más información sobre la iglesia Lord of Host, llame al 402.896.6692 o visítenos en línea en www. lohchurch.org o www.ovm.org.

### PASTORES HANK Y BRENDA KUNNEMAN
### LORD OF HOSTS CHURCH
### Y ONE VOICE MINISTRIES

5351 S. 139TH Plaza
Omaha, Nebraska 68137
Teléfono: (402) 896.6692
Fax: (402) 894.9068
www.ovm.org
www.lohchurch.org